التربيـة وإدارة التغييـر

التربيـة وإدارة التغييـر

تأليف

د.المعتصم بالله الجوارنه
جامعة الملك خالد- كلية المعلمين

د. ديمة محمد وصوص
جامعة الملك خالد- كلية التربية للبنات

بسم الله الرحمن الرحيم

حقوق الطبع محفوظة للناشر

الطبعة الأولى

1429هـ- 2008م

رقم الإيداع لدى دائرة المكتبة الوطنية (2008/2/429)

371.2

الجوارنة،المعتصم بالله

التربية وإدارة التغيير/المعتصم بالله الجوارنة،ديمة محمد وصوص

عمان:دار الخليج،2008

ر.أ.: (2008/2/429)

الواصفات: / الإدارة التربوية// علم النفس التربوي/

تم إعداد بيانات الفهرسة والتصنيف الأولية من قبل دائرة المكتبة الوطنية

عمان-العبدلي-مجمع جوهرة القدس ط M

تلفاكس: 962 6 4647559

ص.ب. :184034 عمان 11118 الأردن

e-mail:daralkhalij@hotmail.com

الإهـــداء

* إلى كل مربي ..... أضاء بنور علمه الظلمات
* إلى كل إنسان ...... يسعى إلى التغيير والتطوير
* إلى الأهل الأعزاء...... عرفانا بالجميل
* إلى قرة أعيننا .... وملاكنا الصغير ابنتنا لجين

المحتويات

الفصل الثالث
القيادة و إدارة التغيير

8

التغيير في القران الكريم

وردت كلمة التغيير في كتاب اللـه تعالى في أربعة مواضع رئيسية، هي:

1- سورة الأنفال آية (53)
2- سورة النساء آية(119)
3- سورة الرعد آية (11)
4- سورة محمد آية (15)

أقوال في التغيير

* المهاتما غاندي (لا بد ان نعيش التغيير)

* أبراهام ماسلو (تجري الحياة الآن بأسرع ما يكون، وخاصة بالنسبة للحقائق والمعرفة والأساليب والاختراعات، فيحتاج الأمر إلى نوع مختلف من البشر، من طبيعة أخرى، يستطيعوا أن يتكيفوا مع هذه الحياة التي تتغير دائما وأبدا، والمجتمع الذي يستطيع أن يتغير هو الذي يعيش ويبقى، أما المجتمع الذي لا يستطيع ذلك فسوف يفنى ويموت)

* كاي (لا يمكنك إيقاف العالم ريثما تقوم بتغيير مؤسستك، قادة التغيير الناجحون لديهم القدرة عل التعامل مع كافة أشكال التغيير مع الإبقاء عل عجلة مؤسساتهم دائرة بأقصى طاقتها)

* سميث (التغيير هو ما يحققه التغيير، فلا يمكن معرفة المهارات و السلوكيات لعمل الجديدة بدون أن نستخدمها)

* هرقليطس (إن التغيير هو قانون الوجود، والاستقرار هو هدم وعدم)

مقدمة

لقد مثل العقدان الأخيران من القرن المنصرم حقبة من الزمن لم يشهدها التاريخ من قبل، حقبة اتس
بالعديد من التغيرات والتحولات في كافة المجالات السياسية والاقتصادية والاجتماعية والثقافية اتصفت بال
والاتساع بحيث تركت بصماتها على جوانب النشاط الإنساني بشكل عام وعلى المجال الإداري بشكل خاص؛
شهد نهاية القرن العشرين تطورا واسعا ونموا سريعا في كافة المجالات، ترتب على ذلك ظهور الثورة المعلوماتي
مجال العلوم المختلفة وتطبيقاتها التكنولوجية، سواء أكانت تكنولوجيا إدارية أو فنية، وما يرتبط بها من تطو
وسائل الاتصال والحاسب الآلي، وهذه الثورة المعلوماتية والتكنولوجية أوجبت حدوث تغيرات جوهرية في ك
المؤسسات.

فالعالم يعيش حاليا حالات من التطور والتغيير تساوي في معدلاتها ما تم خلال مئات السنوات السا
فقد تم بالفعل طرق أبواب ثورة تغيير شاملة، حيث التقدم الفني التي أصبحت معه إدارة الموارد المادية والك
البشرية تمثل مشكلة، وتتطلب لحسن معالجتها وجود نوعية معينة من الإدارة، ومدراء يعرفون بـ"مديري التغ
وهم ممن يضطلعون بمهام تقديم أفكار التغيير.

وبما أن السمة الأساسية للعصر الذي نعيشه اليوم هي التغيير المستمر والتطور المتناهي في المن
الحياتية المختلفة، فإن الإدارة المعاصرة لا تستطيع

الركون إلى أساليب جامدة وسياسات ثابتة ونظم عمل نمطية، وإنما عليها أن تنتقل من المفاهيم البيروقراطية التقليدية إلى الأنماط التنظيمية المرنة والمتطورة والمتفاعلة، وهذه الطبيعة الجديدة للإدارة المعاصرة تؤكد حقيقة واضحة وهي أن إدارة اليوم أصبحت في المقام الأول أداة لإحداث التغيير وإدارته.

فما أحوجنا اليوم إلى استخدام الإدارة العلمية في إدارة عملية التغيير في المؤسسات المختلفة سواء المؤسسات الحكومية أو المؤسسات الخاصة، وبما أن التربية هي عصب الحياة وشريان عملية التجديد، فلا بد أن تبدأ عملية التغيير من المؤسسات التربوية ومن ثم تتعداها لتشمل جميع مناحي الحياة، فالتغيير يتصف بالشمول والتكامل حتى يتسع ليشمل جميع مناحي الحياة بأبعادها المختلفة وجوانبها المتعددة الاقتصادية منها والاجتماعية والثقافية، وفوق هذا كله الإنسانية، فالتغيير يتم بالإنسان وللإنسان، باعتبار أن الإنسان أداة ووسيلة وغاية وهدف في الوقت ذاته.

فان هذا الكتاب الذي نقدمه اليوم يحاول الإحاطة بعلم إدارة التغيير، من خلال تقسيم فصول الكتاب إلى موضوعات تعرض ما يلي:

- الفصل الأول: التربية والتغيير حيث تم الإشارة إلى خصائص التغيير التربوي وأهدافه ومعاييره ومصادره، كما تناول هذا الفصل تجربة الأردن في التغيير والتطوير التربوي.

- الفصل الثاني: تناول هذا الفصل مفهوم التغيير، والإدارة والتغيير، بالإضافة إلى توضيح جوانب فهم التغيير، ومجالات التغيير،

ومستلزمات التغيير، ومداخل التغيير، وأنواع التغيير، وإستراتيجيات التغيير ونظرياته.

- الفصل الثالث: القيادة وإدارة التغيير؛ حيث تطرقنا في هذا الفصل إلى صفات قائد التغيير، وخطوات إدارة التغيير، وكذلك الأسس التي يراعيها قائد التغيير.

- الفصل الرابع: أشتمل هذا الفصل على مقاومة التغيير، وأسباب مقاومة التغيير بالإضافة إلى أبعاد مقاومة التغيير، وإيجابيات مقاومة التغيير، و أساليب التغلب على مقاومة التغيير.

- الفصل الخامس: تضمن هذا الفصل دراسات حول التغيير، وتم تقسيمها إلى ثلاثة أقسام وهي دراسات أردنية، ودراسات عربية، وأخيرا الدارسات الأجنبية.

ونسأل الله أن يوفقنا في هذا العمل، وأن يتجاوز عن كل قصور فيه، الذي يلازم كل عمل إنساني أما الكمال لله عز وجل، أنه نعم المولى ونعم النصير، ونعم الهادي لسواء السبيل.

المؤلفان

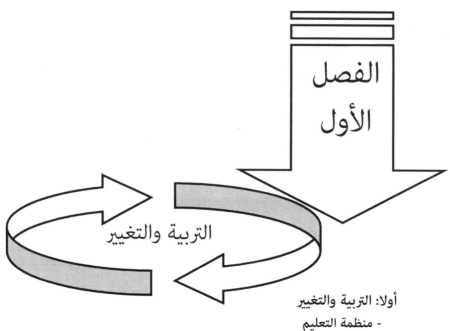

الفصل الأول

التربية والتغيير

أولا: التربية والتغيير

- منظمة التعليم

- خصائص التغيير التربوي الفعال.

– أهداف التغيير التربوي.

– معايير التغيير التربوي الفعال.

– مصادر التغيير التربوي.

ثانيا: ملامح التغيير التربوي في الأردن

- مبررات التغيير التربوي في الأردن.

– أهداف التطوير التربوي في الأردن.

– مؤتمر التطوير التربوي.

– حقائق حول النظام التربوي في الأردن.

– جوانب التغيير التربوي في الأردن.

الفصل الأول
التربية والتغيير

أولا: التربية والتغيير

التغيير ليس غاية أو هدفا في حد ذاته بل هو وسيلة للإصلاح الشامل المنظم المنسق وفق قيم وفلسفة ومفاهيم وأساليب وطرق علمية ذات أهداف واقعية حقيقية موضوعية قابلة للتطبيق. وهنا يكون التغيير تجديدا لصالح الفرد والمجتمع على حد سواء، وعليه فان التجديد في التربية هو تغيير إيجابي في الفكر والممارسات والإجراءات، وقد يشمل التغيير كافة جوانب العملية التربوية, وهنا يكون تغييرا شاملا, أما إذا اقتصر على جانب واحد أو جزئية معينة يكون التغيير جزئيا.

والتغيير التربوي يعني التطوير في نمط التربية والتعليم من الحالة القائمة للأحسن والأكمل والأحدث، ويتم من خلال رصد الواقع ورسم معالم المستقبل والبناء التدريجي خلالهما ، وفق خطة متجددة ، تنطلق من الواقع وتتكئ على الإمكانات والظروف والدراسات المقدمة من أهل الخبرة والاختصاص.

فلقد أصبح التطوير والتغيير التربوي الآن ضرورة ماسة من أجل تحقيق حياة عصرية وحيوية تهيئ المجتمع لمواكبة المتغيرات بصورة فاعلة وإيجابية، بعيدا عن الانفعال أو الانغلاق ذلك أن التربية هي البوابة الأولى للتطوير والتغيير ، والتهيئة للغد المرتقب.

فإذا لم يحدث تغيير لاستيعاب مستجدات العصر فإن ذلك سوف يسهم في إخراج المؤسسات التربوية من سياق البقاء والنماء إلى سياق الجمود وفشل الخطط التربوية في تحقيق الأهداف على الوجه المطلوب، فإن التغيير سمة من سمات العصر، والتعامل معه واستيعابه وتوظيفه لم يَعد ترفا فكريا، بل ضرورة ملحة، تعبر عن حقيقة التطور الفكري الإنساني.

ومن هنا يمكن القول أن التربية في مفهومها المعاصر عملية تغيير وتطوير اجتماعي في أي بلد. وتشكل الإدارة الناجحة إحدى الركائز المهمة لأي مجتمع من المجتمعات لتشكيل نقلة نوعية فيه، فإذا كانت التربية في مفهومها الحديث عملية تغيير وتطوير، فإن هذه العملية ملقاة على عاتق القادة التربويين، حيث يقع عليهم عبء اتخاذ القرارات للتغلب على المشكلات ومواجهة المستقبل بكفاءة والتمهيد للتطورات والتغييرات المنتظرة، فالقائد التربوي إن لم تكن لديه الكفاءة والخبرة الكافية، فإن أسلوبه في العمل سوف يكون أقرب إلى البيروقراطية.

- منظمة التعليم:

أكد كل من واتكز ومارسيك (watkis & marsick,1993) بأنه يجب عل المنظمات التي تود البقاء والمنافسة التوجه نحو التعلم المستمر وتوفيره للعاملين، وإعطاء الموظف فرصة المشاركة في قرارات المنظمة، من اجل تحقيق تحسين مستمر شامل للجهاز، كما أشار إلى بعض العوامل المؤثرة التي تساعد المنظمات عل بلوغ هذا الهدف، وهي: التغيير نحو الجودة الشاملة بهدف مراقبة العمل، وتقليل الأخطاء، وتقوية المنظمة لـتعلم طرق جديدة للتفكير والعمل.

إن منظمة التعلم تعني مقدرة العاملين فيها على التعلم وتنمية قدراتهم طيلة حياتهم لتحقيق أفضل النتائج، وذلك بسبب الحاجة إلى التغييرات السريعة التي تحدث في المعرفة والتقنية التي يحتاج إليها في كل ميدان.

فمنظمة التعلم هي منظمة قائمة على توفير وإشاعة المعرفة لمنسوبيها تركز على مفهوم وفكرة المشاركة الكلية بواسطة العاملين لتطوير أنماط جديدة للتفكير وللعمل الجماعي وربط الحياة الأسرية بالحياة العلمية والقيام بإحداث التغيير المطلوب.

وقد أشار ماركوردت (marquordt,1996) إلى أن المنظمات التي تـتعلم بصورة أسرع سوف تسبق غيرها وتتكيف أسرع وتحقق تغييرات إستراتيجية ذات دلالة. كما أشار أيضا إلى خمس قوى حولت موقع العمل سريعا وهي:

1- تقنية المعلومات.
2- تركيب أو بناء المنظمة.

3- حركة وفاعلية إدارة الجودة الشاملة.

4- تنوع القوى العاملة.

5- التعاظم السريع في طلب العون أو الدعم المؤقت.

وعرف منظمة التعلم بأنها تلك التي تتعلم بكفاءة وشمولية وتقوم بتحويل نفسها باستمرار لجمع وإدارة واستخدام المعرفة للوصول إلى نجاح مشترك.

* مميزات منظمة التعلم

حدد ماركواردت(marquordt,1996) الأبعاد والمميزات المهمة لمنظمة التعلم على النحو التالي:-

● يترافق التعلم مع نظام المنظمة الكلي.

● يتعلم أعضاء المنظمة التعلم المتقدم باستمرار في جميع أرجاء المنظمة.

● يعتبر التعلم عملية متواصلة.

● للعاملين في المنظمة حرية الوصول إلى مصادر المعلومات والبيانات.

● يكون لكل فرد الدافع والرغبة المتواصلة لتحسين الجودة والأداء.

● يعمل على التكيف والتجديد ومنح العاملين عزما جديدا استجابة للبيئة المتغيرة لضمان التنمية الشاملة.

● يعمل على إشاعة المعرفة وعدم حجب المعلومات عن العاملين وسهولة الحصول عليها.

وأظهـر سـنج(senge,1996) بـأن هنـاك أدوات لـدعم أنظمـة التفكـير والمعرفـة حـول الممارسات التعليمية الناجحة وذلك لتحقيق التغيير من خلال التعلم. على مثل هـذه الحواجز للبقاء والنمو.

ومما تقدم استعراضه فانه يمكن القول أن منظمة التعلم هي التي لديها المقدرة عـلى التعلم والاستجابة للتجديد ورياح التغيير أسرع من منافسيها، ومقدرتها على أن يحـول انتبـاه الناس من النظرة الآلية للعمل إلى انجاز ملموس له فوائد جوهرية على العمل، وكذلك القدرة على نقل رؤية المنظمة إلى أفرادها لتكوين "رؤية مشتركة " .

ولابد من الإشارة بأن التعلم مهم وحيوي للحفاظ على العاملين المخلصين الذين سوف يبقون مع المنظمة، ويتعلم العاملون بصورة أسهل بالتعامل المتبادل فيما بينهم, أفضل مـن نوعية الدروس التي تتم داخل الصفوف الدراسية، وقد دافع سنج عن التركيب التعليمي الـذي يختلف عن النمط الذي يتم في المدارس وشدد على عملية الـتعلم الإبداعي لخلق وإكسـاب ونقل المعرفة بصورة جماعية لاستيعاب المعرفة الجديدة.

يتضح مما سبق أن منظمة التعلم قائمة على فكرة التغيير المتواصل والمتطور للتركيب الإدراكي والمعرفي للمنظمة بناء على توفير فرص التعلم والتدريب وإشاعة ذلك بـين العـاملين، كما إنها عملية لفحص الذات تعمل لتضفي على منظمة التعلم ظاهرة الصلاحيات والشرعية لفريق التغيير للتكيف مع أحداث التغيير من أجل التجديد والإبداع.

وقد تم التأكيد أنه وبدون قائد ملتزم بمبادئ وأدوات منظمة التعلم، فان المنظمة سوف لن تبلغ قوتها لتحقيق النجاح، ومن هنا فان منظمة التعلم تعني قائدا ذو بصيرة نافذة، يراعي حقوق العاملين ويمنحهم حرية التعبير عن آراءهم واعتبارهم جزء رئيسي لدورة الإنتاج مما يجعلهم يشعرون بالانتماء للمنظمة.

إن النظرة الشمولية لمنظمات التعلم تقوم على إشاعة المعرفة من خلال تطوير أدوات تشخيصية لمختلف أنواع التعلم والتدريب والتطوير المطلوب أحداثه داخل المنظمة، إضافة إلى ذلك فان تلك المنظمات تبرز عندما يعمل أعضاء المنظمة كوسائل تعليمية مستجيبين إلى التغييرات في البيئة الداخلية والخارجية للمنظمة.

كما أن فرص التعلم في موقع العمل تتأثر بمميزات موقع العمل والظروف المحيطة ببيئة العمل ، ولذا يجب على القياديين أن يطوروا فهما ودرجة عالية من الكفاءة لخلق وإدارة التغيير، حتى تتمكن منظماتهم من البقاء.

ومما سبق فان من الواضح أن منظمة التعلم تنشأ لمساعدة نفسها على تخطيط وتنفيذ تغييرا هاما في زيادة مقدرة المنظمة على النمو وتحقيق أهدافها. وقد اتفق بعض المؤلفين على أن منظمة التعلم تبدأ مع افتراض أن التعلم ذا قيمة وجهد متواصل وأكثر فاعلية عند المشاركة في أي تجربة والنظر إليها كإحدى فرص التعلم.

كما وضع واتكنزومارسيك(Watkins and marseick,1993) أربع مميزات للمنظمة التعليمية وهي:-

1- جاهزية دائمة.

2- تخطيط متواصل.

3- تطبيق غير مرتجل.

4- فعل تعليمي.

وكما أكد العديد من المؤلفين أن لمنظمات التعلم مهمة وصورة واضحتين، والتزام قيادي، واختبار علمي تتم مكافأته ودعمه على كل المستويات في المنظمة، ونقل المعرفة، وعمل تعاون جماعيين.

وقد بين سنج(1990، senge) ومارسيك وفكتوريا (Victoria & marsick,1996) أن المنظمة التعليمية هي منظمة لها مقدرة قوية للتعلم والتوازن والتغيير استجابة للحقائق الجديدة للتعلم المستمر. ولذا فان المنظمة التعليمية قد قامت بتشجيع المقدرة على التعلم والتغيير والتكيف بينما يتم تحليل العمليات التعليمية وتطويرها وإدارتها ووضعها مع أهداف التحسين والابتكار، ولهذا فان المنظمة التعليمية تبدو أنها تمثل خليطا من أفكار موجهة، ونظريات، وطرق وأساليب، وابتكار.

وأشار ديرفنسوت (dervitsot,1998) إلى ثلاثة قوى رئيسة تؤيد منظمة التعلم لأخذ إجراءات تصحيحية، وهي:-

- وجود استياء كاف.
- جذب قوي نحو التحرك إلى وضع أكثر رغبة.
- إستراتيجية ناتجة عن تدقيق جيد لتحقيق التصور المطلوب.

فالشروط الثلاثة المذكورة أعلاه مهمة وضرورية للمديرين لإدراك الحاجة للتغيير.

وقد وصف سنج مدخل النظام المفتوح بأنه تغيير طويل المدى، ويجب أن يقوم على فهم شامل للحقائق، وأن أي تغيير يؤثر في هيئة المنظمة، وأن كل وحدات التنظيم يجب أن تتم مشاركتها في عملية التغيير التي ستقود إلى حلول أو تغيير منظم. علاوة على ذلك فان طريقة النظام وبيئة المنظمة المحيطة بها، بالإضافة إلى تشخيص المشكلة، وتحليل كافة الأنظمة. ومن المهم أن يكون لدى المنظمة تصور واضح متزامن مع الوصف الواضح لمسار حركتها ومستقبلها وعلى ما يجب أن تكون عليه.

- خصائص التغيير التربوي الفعال:

تختلف التغييرات التربوية في انتشارها ومدى ذيوعها في النظم الإدارية والتعليمية من مكان لأخر ومن وقت لأخر, فمنها ما ينتشر بسرعة وسهولة والأخر قد يحاط بعوائق, ومن ثم يأخذ وقتا حتى يلقى الذيوع والقبول المنشود، فالتغيير التربوي الفعال له من الخصائص والسمات ما يلي:

* الرغبـــة والإرادة:

وتستند إلى الجانب العقلي في إحداث التغيير، باعتباره الجانب الإيجابي للتغيير، لان التغيير لا يحدث من تلقاء نفسه، و إنما من خلال قوة دافعة و إدارة عاقلة واعية قوية وفكر مستنير،لان التغيير المطلوب عمل إرادي مقصود ومخطط

28

معتمد على آليات ووسائل مدروسة وممارسات مبنية على أسس موضوعية ذات أهداف واضحة واقعية في زمان معين ومكان محدد، وهذا يتطلب الشجاعة والإقدام لإجراء التغيير مع إعادة ترتيب وتنظيم المكونات والهياكل السابقة.

* النسبية:

تشير النسبية إلى أن ما يعتبر تغييرا تربويا أساسيا في نظام ما قد يكون أمرا هامشيا في نظام أخر، حيث تتوقف الأهمية على المعايير الاجتماعية والعلمية والاقتصادية والسياسية والفكرية والثقافية السائدة في كل مجتمع، والنسبية تشير إلى انه لا يوجد تجديد مطلق يستمر مدى الحياة.

* التوافــــق:

يشير التوافق إلى مدى اتساق التغيير مع النظم والأعراف والتقاليد والقوانين والقيم السائدة، فإذا لم يتوفر التوافق يصبح مصير التغيير التأجيل أو الرفض أو الإهمال، ويحتاج التوافق شيء من التوازن بين القديم المتوارث والحديث المعاصر المستورد حتى لا يحدث صراع بين القديم والجديد ويؤدي إلى تضارب الأفكار، مما يسبب هدر الطاقات وجمود الفكر وتبديد القدرات.

* التعقيــد:

ويعني أن التغيير التربوي أمر صعب في الفهم والتشغيل والتطبيق والتقييم والتعميم، فالتغيير غاية في التشابك والتداخل والصعوبة والتعقيد، وهذا يتطلب دراسة التغيير، والتدرج به من السهولة إلى الصعوبة تبعا لأسلوب منهجي منظم

حتى تتحول هذه الصعوبة إلى أمر ميسور سهل الفهم والاستيعاب والتطبيق والتقويم والتعميم.

* التواصـــــــل:

ويراد بالتواصل مدى قدرة التغيير على الانتقال والانتشار في مختلف جوانب النظام الإداري والتعليمي للمؤسسات التربوية الرئيسية و الفرعية من خلال قنوات متخصصة رسمية وغير رسمية للاتصال قادرة على التغلغل والوصول إلى كافة المستفيدين داخل وخارج نطاق المؤسسات التربوية. فالتواصل يتضمن القدرة على تعميم التغيير والانتقال به من موقف تجريبي محدود إلى موقف ميداني أكثر توظيفا وانتشارا.

* التجريـــــب:

يشير التجريب إلى مدى قابلية التغيير للتجريب على نطاق ضيق للتعرف على السلبيات والإيجابيات ، وتقدير الآثار والنتائج ، والوصول إلى القرار المناسب بشأن التعميم اقتصادا للوقت والجهد وادخارا للمال.

* الكفايـــة والفعاليـــة:

يقصد بها العلاقة بين الأهداف ونوعية المخرجات، وهي دليل على استمرار عمل المؤسسة ككل في أداء وظائفها بالجودة الشاملة والمعايير على ضوء الأهداف المحددة سلفا، وكذلك تشمل على العلاقة بين المدخلات والمخرجات، وتقسم الكفاية إلى كفاية داخلية وخارجية.

والفعالية المتعلقة بالتغيير التربوي تشير إلى قدرة هذا التغيير على حسن استخدام التسهيلات الممكنة واستغلال الموارد المتاحة والإمكانات مع استثمارها بأفضل الوسائل وفقا لمعايير ومواصفات علمية من اجل تحقيق الطموحات المتوقعة.

- أهداف التغيير التربوي:

يهدف التغيير التربوي إلى:

- إحداث التغيير الإيجابي المحمل بالقيم العلمية والتربوية والإدارية والأخلاقية لتجويد مخرجات التعليم وفقا لتشريعات قانونية، وفي إطار من أخلاقيات وقيم وأعراف وتقاليد المجتمع الذي يريد إحداث التغيير.

- دفع الواقع وإثرائه بالجديد علميا وفكريا وتكنولوجيا من خلال قنوات اتصال رسمية وغير رسمية من إعلام وصحافة و إذاعة وتلفاز.

- مساعدة الإدارة على تلبية متطلبات التغيير الذاتي في الإدارة ومواجهة المشكلات التعليمية والإدارية بشكل جدي وفعال.

- مساعدة التربية على تلبية حاجات التغيير الاجتماعي وتحقيق خطط التنمية واستيعاب معطيات ثقافة العصر المطردة والمتراكمة حتى لا نتخلف عن ركب الحضارة وسباق التقدم العلمي العالمي.

- معايير التغيير التربوي الفعال:

لإنجاح أي تغيير لا بد من وجود معايير وضوابط تحكم هذا العمل، والتغيير كغيره من المتغيرات لكي يؤتي ثماره بصورة ملموسة وواضحة فلا بد

من معايير وضوابط يحكم هذا التغيير حتى نتفادى الارتباك واضطراب العمل وتضارب القرارات, ومن أهم هذه المعايير:

- أن يلبي التجديد حاجات التطور والتغيير الاجتماعي في ثقافة المجتمع وهذا يشير إلى أن التغيير ضرورة تعكس الحاجات الاجتماعية استجابة للتحولات الجذرية التي طرأت على بنية وثقافة المجتمع وخاصة في المجتمعات العربية.
- أن يعكس التغيير في المؤسسات التربوية و إدارتها روح العصر ومعطيات التقدم العلمي والتقني السائد، وهذا يعني أن التغيير في التربية هو انعكاس لظروف العصر الحديث ومتغيراته العلمية والتكنولوجية، وما يشمله العصر وما يحتويه من نظريات علمية حديثة وتطبيقات جديدة ووسائل وأدوات متطورة في كافة المجالات العلمية والتقنية، والتفاعل مع معطيات العصر وفق القيم الثقافية والمعايير الاجتماعية المرغوبة وذلك من أجل الدخول في المنافسة العلمية والإدارية والتعليمية العالمية حتى لا نصاب بالجمود والتخلف، وهذا يتطلب جهود متواصلة لإنتاج معرفة تلبي احتياجات العصر ومتطلباته المتغيرة لمجتمع حديث.
- أن يقدم التغيير التربوي حلولا علمية وعملية وموضوعية لمشكلات وحاجات المؤسسات التربوية بل والمجتمعية في كافة مناحي الحياة الفكرية والاقتصادية والاجتماعية، حيث أن الواقع الراهن مثقل بالعديد من المشكلات الخدمية والعلمية والبحثية ونقص الإمكانات.

- أن يحافظ التغيير التربوي على الجوانب الإيجابية والعوامل ذات القيم المميزة للأخلاق والثقافة والوطنية، فكل مجتمع له خصوصياته الثقافية والاجتماعية وعاداته وتقاليده وقيمه الروحية والأخلاقية التي تختلف من مجتمع لأخر ومن ثقافة لأخرى. والنظام التربوي هو الذي يقي ثقافة المجتمع من عوامل الخطورة والهدم الداخلية أو الخارجية، ويعمل على حمايتها من الملوثات والتهديدات وأطماع الغزو الثقافي، كما أن النظام التربوي هو الذي يسهم في تنمية متغيرات ثقافة المجتمع عبر التفاعل الإيجابي مع القيم الثقافية الأخرى التي يتعامل معها تأثيرا وتأثر.
- أن يكون مسؤول الإدارة التربوية على درجة عالية من الوعي بمطالب التنمية الشاملة في المجتمع وأولوياتها في التجديد التربوي وبرامجه لأن الأهداف الإستراتيجية للتغيير هي التي توجه مسار وسبل هذا التغيير وممارساته وإجراءاته في فترات زمنية محددة.
- وعي رجال السياسة والثقافة والإعلام بمطالب التغيير التربوي، نظرا لأن أهداف التعليم تمثل طموحات جميع طبقات وفئات وطوائف المجتمع، وفي نفس الوقت تعبر عن احتياجات مختلف ميادين العمل والإنتاج والخدمات وهذا يحتم مشاركة المسؤولين في توجيه هذه القطاعات من رجال الفكر والثقافة والسياسة والإعلام والاقتصاد، وذلك لوجود ارتباط عضوي دائم قائم بين التربية والتعليم والسياسة والاقتصاد.

- التوجيهات المستقبلية في خطط التغيير التربوي، فالتغيير التربـوي الإيجـابي يعتمـد عـلى أساليب دراسة المستقبل من أجل تطوير مدخلات وعمليات ومخرجات العملية التعليمية والبحث العلمي حتى تتمكن المؤسسات التربوية من استيعاب ثقافة ومتطلبات العصر ـ وعليه فان المؤسسات التربوية في حاجة إلى التماس المستقبل لتطوير الحاضر أي يجب الاهتمام بمؤسسات تربية المستقبل باعتبار ذلك ضرورة قومية حتمية في إطار استخدام مفاهيم التصور والتوقع المحسوب وعبر أساليب دراسة المستقبل، وذلك لمواجهة احتمالات المستقبل المستمر بلا انقطاع اعتماد على التصور المبدع والتخطيط الاستراتيجي لتفعيل مدخلات التعليم وتنشيط وتفعيل عملياته وتجويد مخرجاته تحقيقا للأهداف المنشودة.

- أن يأخذ التغيير شكل الديمومـة أي يستمر التغيير ويتواصل مـن أجل التوافق مـع التغييرات الحاضرة في المؤسسات التربوية.

- أن يكون التغيير في المؤسسات التربوية و إدارتها نابعا مـن الـداخل حتى يصبح أكـثر استمرارا وتأثيرا في الفكر والممارسات والإجراءات والنتائج والتعميمات.

- أن يبنى التغيير التربوي على اقتناع القوى بفاعلية التجديد وجدواه في تنميـة المجتمع والرقي بالأفراد فكرا وثقافة وفي الأداء.

- أن يبنى التغيير التربوي عـلى خطط عمليـة متكاملـة معلومـة الأهداف والمراحـل والآليات، وتنفذ هذه الخطط وفق أداء وتعاون وتنسيق للجهد مع جميع العاملين في المؤسسات التربوية والمجتمعية.

- مراعاة التوقيت المناسب لإجراء التغيير التربـوي دون تعجـل أو تأجيـل حتـى لا يفقـد التغيير قيمته.
- أن يكون التغيير التربوي ليس هدفا في ذاته بـل وسـيلة واليـة لتحسـين قيمـة التعلـيم وخدمـة المجتمـع وتطويرهـا و إصـلاح الخلـل القـائم في الإدارة والمؤسسـات التربويـة المعنية بالأمر، واستكشـاف القـوى الخلاقـة والمبدعـة في المجتمـع ورعايتهـا وحمايتهـا والعمل على تنميتها، ومن ثم الإسهام في برامج التنمية الشاملة للمجتمع.

- مصادر التغيير التربوي:

التغيير التربوي لا يحدث من فراغ ولكن لا بد له من منابع ومصادر يستند إليها، ويبدأ التغيير في الظهور عندما يحدث اضطراب أو خلل في حركة تفاعـل مـدخلات العمليـة التربويـة وانخفاض في مستوى مخرجاتها؛ أي أن التغيير التربوي في مؤسسات التعليم له مصادر ودوافـع تقود إلى حتمية حدوثه. ومن أهم مصادر التغيير التربوي ما يلي:

1- الحاجات والمشكلات التعليمية والتربوية:-

تعبر الحاجات والمشكلات عن العوامل السلبية المحركة لعملية التجديد مثل: الغـش في الاختبارات، المقررات التقليدية، ضعف مستوى الطلبة وهناك مصادر للتغيـير الإيجـابي يطلـق عليها مطالب التغيير من أجل التحسين والتجويد في المـدخلات الماديـة والبشر-ية والتنظيميـة، ويسهم هذا التغيير في تطوير الفكر وتنظيم القيم وتعـديل السـلوك لـدفع خطـط التنميـة في كافة مجالات الحياة.

2- حاجات ومشكلات المجتمع:

قد يكون الدافع للتغيير من خارج المؤسسات التربوية كالتغيرات الاجتماعية والتحولات السياسية والاقتصادية والتعليمية، وهنا تظهر مبادرات التجديد بما يتلاءم مع متطلبات التغيير في المجتمع لتحقيق طموحاته لمواكبة هذه التحولات والتغيرات.

وتعبر عوامل البيئة عن الحاجات والمشكلات المجتمعية التي تجعل المؤسسات التربوية في وضع يدعو لإعادة هيكلتها وتنظيمها لمحاولة التخلص من الضغوط الواقعة عليها من جـراء التحولات المختلفة في المجتمع ومحاولة لإثبات الوجود وخدمة المجتمع.

3- الحاجات والمشكلات الدولية والعالمية:

في ظل العولمة وتشبيه العالم بقرية صغيرة بـل أصبح العـالم حجـرة صـغيرة، وتـراكم المعلومات بكميات هائلة مع سرعة وسهولة الاتصال وثورة المعلومات، وتصارع الحضارات.

كل هذه عوامل تحتم على المؤسسات التربوية في الـدول العربيـة ودول العـالم الثالـث ضرورة التغيير والتطوير الثقافي لزيادة وعي الأفراد بل والمجتمع بما طرأ عـلى بنيـة العـالم مـن تغيير هائل وشامل، وإثارة اهتمامه بالقضايا العالميـة المشـتركة مـن أجـل الوصـول إلى قاعـدة علمية راسخة للثورة على التخلف والجمود الفكري والإداري، ليواكب الفكـر العلمـي العـالمي المستنير والمتغير والمعرفة العصرية والتكنولوجية لمواجهة تحـديات العولمـة وسلبياتها التـي لا ترحم.

4- نتائج وتوصيات البحوث والدراسات العلمية:

قد يحدث التغيير التربوي استجابة للمعرفة العلمية التي أفرزتها الدراسات والبحوث العلمية، هذا بجانب أن الدراسات والبحوث العلمية ونتائجها عملية مستمرة ومتغيرة تحتم استمرار وتجدد عملية التغيير التربوي والاهتمام به لمواكبة ومسايرة التقدم العلمي العالمي، كما أن استمرارية التغيير تلبية لنتائج الدراسات والبحوث العلمية لتفعيل القدرة على زيادة الإنتاج وتوليد المعرفة وتطويعها لخدمة الواقع المجتمعي والبيئي، هذا أضافه إلى أن التغيير في مثل هذه الأمور يسهم في استيعاب التكنولوجيا الحديثة، وكيفية استخدامها وتطويرها.

ثانيا: ملامح التغيير التربوي في الأردن

لقد قطع الأردن شوطا نحو التغيير والتطوير التربوي، فتعد التربية من أشد الجوانب المجتمعية حاجة للتغلب على عوامل الركود والجمود، والقيود التي تعيق عملية تطويرها لتواكب المتغيرات التي تمر بها النظم الاقتصادية والسياسية والاجتماعية، ولتحافظ على دورها الفاعل في التأثير في تلك النظم والتأثر بها، وتلبية مطالب المستقبل على المستويين الفردي والمجتمعي من جهة، والوطني والقومي والعالمي من جهة أخرى.

ومن أبرز مظاهر الاهتمام بجهود التغيير والتطوير ما أكده جلالة الملك عبد الله الثاني في كتاب التكليف السامي الموجه للحكومة بتاريخ 3/4/ 1999م،

حيث أشار جلالته إلى أهمية التطوير التربوي، فقد قال جلالته: "إن العملية التربوية رغم إنجازاتها العديدة بحاجة إلى تطوير مستمر بهدف الارتقاء بمستوى التعليم وتجويد مخرجاته، والعناية بالتربية الوطنية لتعزيز الانتماء والتركيز على التفكير والحوار في أجواء من الاعتدال والتسامح، والاهتمام بتكنولوجيا التعليم، ورفع سوية المعلمين، وتحسين ظروفهم".

- مبررات التغيير التربوي في الأردن

1. التوجيهات السامية لصاحب الجلالة الملك عبد الله بن الحسين، حيث يؤكد جلالته على أهمية التطوير التربوي للارتقاء بمستوى التعليم وتجويد مخرجاته.

2. توجهات وزارة التربية والتعليم نحو التطوير والتحديث، وهذا يظهر من خلال عقد مؤتمرات التطوير التربوي حيث حددت الخطة العامة للتطوير التربوي تحقيق أهدافها الرامية إلى التغيير والتطوير ضمن مرحلتين تمتد المرحلة الأولى خلال الفترة (1988 – 1995م)، وتمتد المرحلة الثانية خلال الفترة (1996-2000م).

3. النمو السكاني المتزايد: يمثل تزايد عدد سكان المملكة الأردنية الهاشمية خطرا على النمو الاقتصادي والاجتماعي والثقافي وخاصة في مجال التعليم وتطوره، وهذه الزيادة تشكل تحديا كبيرا لمجالات التربية، إذ يشكل عبئا كبيرا على العملية التعليمية.

4. الثورة المعلوماتية: يسمى القرن الماضي وبداية القرن الحادي والعشرين بـ "عصر المعلومات" نظرا لما شهده من ظهور معلومات هائلة في كافة المجالات، وما يرافقها من تطبيقات تكنولوجية أحدثت تغييرا في حياة الإنسان.
5. التكنولوجيا الإدارية: تعتبر التكنولوجيا الإدارية من الأسس التي يعتمد عليها الفكر الإداري المعاصر، ويسع النظام التربوي إلى إدخال وتوظيف التكنولوجيا الإدارية في المؤسسات التربوية.
6. الأساليب الإدارية الحديثة: لقد برز في أواخر القرن العشرين ومطلع هذا القرن العديد من الأساليب الإدارية التي زادت من فعالية الإدارة في أداء مهماتها وتحسين هذه المهمات وتطويرها، منها: إدارة التغيير، الإدارة بالأهداف.

- مؤتمر التطوير التربوي:

إدراكا من الأردن للمستجدات والمتطلبات والتغيرات، فقد عقد المؤتمر الوطني الأول للتطوير التربوي في أيلول عام 1987م تحت الرعاية الملكية السامية، والذي يعد أهم حدث تميز به عقد الثمانينات على الصعيد التربوي باعتباره المنطلق الأساسي للتطوير التربوي في الأردن، والذي ساهم في صياغة رؤية تربوية واضحة حول تطوير النظام التربوي بمختلف عناصره وفعالياته.

وقد ترجمت التوصيات التي انبثقت عن هذا المؤتمر إلى خطة عامة شاملة متكاملة للتطوير التربوي في الأردن.

ويمكن تلخيص الأهداف العامة للتطوير التربوي في الأردن بما يلي:

أ. رفع مستوى مخرجات التعليم العام.

ب. تحقيق المواءمة مع سوق العمل.

ج. مواكبة التطور العلمي والتكنولوجي.

د. التفاعل مع تطورات الثقافة العالمية.

وقد حرصت الخطة العامة للتطوير التربوي على تحقيق أهدافها ضمن مـرحلتين وذلك عـلى النحو التالي:

أ. المرحلة الأولى للتطوير التربوي (1988- 1995).

اشتملت المرحلة الأولى من التطوير التربوي على المجالات الرئيسية التالية: -

السياسـة التربويـة (الفلسـفة والأهداف)، بنيـة التعليم، المنـاهج والكتـب المدرسية، التقنيات التربوية، الأبنية والتسهيلات التربوية، تأهيل العاملين في التعليم وتدريبهم، التخطيط والبحث والتطوير التربوي، التعاون مع الجامعات، التربية ما قبل المدرسة، محو الأمية وتعليم الكبار، التقويم التربوي، الحاسوب، الإدارة التربوية، التجديدات التربوية.

ولقد هـدفت المرحلـة الأولى لخطـة التطوير التربوي إلى تحقيـق عـددا مـن الغايـات الرئيسة منها:

1. تطوير شامل للمناهج حتى تتلاءم وحاجات الحياة العصرية، وتعكس التطورات التربوية المستجدة.

2. تطوير الكتب المدرسية وأدلة المعلمين والمواد التعليمية.

3. تأهيل الأطر الفنية والإدارية والتعليمية وتدريبها.

4. التخلص التدريجي من الأبنية المدرسية المستأجرة.

5. خفض نسبة الأمية إلى ما دون (8%) بحلول عام 2000.

ب. المرحلة الثانية لخطة التطوير التربوي (1996-2000).

مع بدايات عام 1996 شرعت وزارة التربية والتعليم بتطبيق المرحلة الثانية مـن خطـة التطوير التربوي التي تمتد حتى عام 2000، وتتلخص الأهداف الرئيسية لهذه المرحلة فيما يلي:

أ. تعميق الأثر النوعي لعملية التطوير التربوي، ويتضمن:

- تحسين برامج التدريب أثناء الخدمة وفق المناهج الجديدة.

- رفع قدرة المعلمين وتحسـين أدائهـم الصـفي وتمكيـنهم مـن استخدام الأساليب التشخيصية.

- رفع كفاءة القيادات التربوية.

- تطوير عملية تزويد المدارس بالمواد التعليمية.

ب. التطوير المؤسسي التربوي، ويشمل:

- رفع كفاءة مراكز مصادر التعلم لتحسين نوعية خدماتها.

- رفع كفاءة طباعة وتوزيع الكتب المدرسية وأدلة المعلمين.

- إنشاء نظام مؤسسي لإدارة البناء المدرسي وصيانته.

ج. تطوير التسهيلات التربوية، ويتضمن:

- تحسين نوعية البناء المدرسي لتحسين البيئة التعليمية – التعلمية.

- تطوير نظام عقلاني للأعمال الإنشائية للبناء المدرسي لاستيعاب الأعداد المتزايدة من الطلبة.

وقد عقد مؤتمر تربوي في مدينة البتراء في تشرين الأول من عام 2003، والذي جاء بعنوان "آفاق التربية الواقع وحراك التغيير".

وقد خرج المؤتمر بالعديد من التوصيات كان أهمها:

1. التركيز على دمج برامج تدريبية تتعلق بقيادة التغيير في برامج التنمية المهنية المستدامة.

2. التأكيد على دور المدرسة كوحدة أساسية للتطوير التربوي والمهني لإحداث التغيير المنشود.

3. إصدار كتاب سنوي يبرز الإنجازات في مديريات التربية لإيجاد حالة من التفاعل والتنافس.

4. تشجيع البحث العلمي، وانتهاج الأساليب الناجحة في تدريب المعلمين، وتشجيعهم لاستخدام أساليب تدريسية جديدة.

- حقائق حول النظام التربوي في الأردن:

يسعى الأردن إلى إحداث التغييرات الضرورية في النظام التربوي لدعم برنامجه الشامل للتنمية الاقتصادية والاجتماعية في عصر معلومات متغير

ومتطور بسرعة وفي اقتصاد إقليمي وعالمي شديد المنافسة، ولتحقيق هذا فإن هنالك حاجة ملحة للتوافق مع الحقائق الحالية لكثير من نواحي نظام التعليم، التي يشكل بعضها عقبات أمام الإصلاح، ويوفر بعضها الآخر أساسا قويا لمزيد من التنمية، ولقد أشارت منظمة الأمم المتحدة للتربية والثقافة والعلوم عام 2003م إلى الحقائق الآتية حول التعليم في الأردن:

- هنالك تنافر بين المهارات التي يتم تعليمها حاليا في المدارس وتلك المهارات المطلوبة لمتطلبات اقتصاد المعرفة من تكنولوجيا المعلومات والاتصالات.

- يضم التعليم الثانوي التطبيقي (التقني والمهني) تخصصات وظيفية عديدة وكثير منها لا يتفق مع الاتجاهات الحالية لسوق العمل والتوقعات المستقبلية.

- اعتمدت وزارة التربية والتعليم على القطاع الخاص في توفير خدمات تعليم الطفولة المبكرة، مما أدى إلى عدم المساواة في توفير خدمات تعليم الطفولة المبكرة في المملكة.

- يتطلب المحتوى الحالي والممارسات المعمول بها في التقييم تدقيقا وثيقا ومراجعة وتخطيطا للتحسين.

- تعليم وإعداد المعلمين لا يتفقان مع الاحتياجات الحالية والمستقبلية.

- تدعم الهياكل والعمليات والممارسات المؤسسية الحالية نموذجا هرميا تقليديا في الإدارة.

- مقدرة وزارة التربية على تنفيذ خطط الإصلاح غير كافية حاليا.

وهناك سمات تتصف بها الإدارة التربوية المستقبلية المنشودة، وذلك انطلاقا من سمات عدة ينبغي أن تميز الإدارة التربوية المستقبلية في ضوء الرؤية الجديدة للنظام التربوي، وهذه السمات هي:

1. إدارة إستراتيجية: تسعى للمساهمة في تشكيل المستقبل وليس مجرد التنبؤ به، فهي عملية مستمرة، تهدف إلى المحافظة على المؤسسة التربوية، وتضمن لها القدرة على التكيف مع المتغيرات التي تطرأ في بيئتها والتعامل معها وإدارتها بكفاءة وفاعلية.
2. إدارة معلوماتية: تسعى لرفع كفاءة العملية الإدارية في التعامل مع المعلومات بصورة شاملة متكاملة، من خلال نظم للمعلومات الإدارية، تتيح لإدارة المؤسسة التربوية الاطلاع على أحدث التطورات في مجال عملها سواء داخلها أم خارجها.
3. إدارة ديناميكية: لا تتمسك بالتقاليد والمبادئ التنظيمية التقليدية، وتعمل بمرونة، وفي جو من الحرية والحركة، كما لديها القدرة على استيعاب التكنولوجيا الحديثة وقبولها واستخدامها بصورة سليمة وتطويعها لمصلحة العملية التربوية.
4. إدارة الأزمات بفعالية: فالمواقف الطارئة التي تتسم بقدر من الغموض والحاجة إلى اتخاذ قرارات سريعة، تعد أمرا عاديا في ظل تسارع التغيير والمواقف المتجددة باستمرار، مما يتطلب قدرة على: إدراك الضغوط، وتحديد مصادرها، وتحليل أسبابها، وابتكار أساليب متطورة للتعامل معها.

5. إدارة التغيير المخطط: أي أنها لا تنتظر حدوث التغيير ولكنها تخطط له، وتعمل على إحداثه وضمان نجاحه ودفعه في الاتجاه المرغوب، كما تسعى إلى وضع التصور المستقبلي للمؤسسة التربوية، وتحديد الأهداف واستكشاف الفرص واستثمارها.

6. إدارة العلاقات الإنسانية: التي تعمل على التأثير في سلوكيات العاملين في المؤسسة التربوية، ودفعهم للإنجاز والتميز من خلال الإقناع والتحضير وليس بالإجبار والتسلط.

7. إدارة توجهها حاجات الجمهور المستهدف: فهي تعمل على تلبية حاجات الفئات المستهدفة وإرضائها من طلبة وأولياء أمور ومجتمع محلي، وذلك من خلال منحى علمي متكامل، يحرص على معرفة الاحتياجات وتنظيم البرامج المناسبة لتلبيتها.

8. إدارة الموارد البشرية: فهي تركز على التخطيط لتنمية الموارد البشرية بصورة تكاملية تعنى بالجوانب والأبعاد كافة، وبما يحقق مصلحة الفرد والمؤسسة معا.

9. إدارة التدريب وإعادة التدريب: وذلك انطلاقا من أن الإنسان الفعال في عالم الغد هو الإنسان متعدد المهارات متنوع الكفايات، الذي يخضع لعمليات التدريب وإعادة التدريب باستمرار لمواكبة المستجدات والتقنيات في مجال عمله، وفي المجالات ذات العلاقة وخاصة المعلوماتية واقتصاديات المعرفة.

45

10. إدارة الجودة الشاملة: أي الإدارة التي تركز على تحقيق الجودة والنوعية في عملياتها ومخرجاتها، وتحرص على تقديم الأفضل والأجود لجمهورها المستهدف.

11. إدارة الابتكار والتجديد والبحث والتطوير: أي الإدارة التي تركز على توظيف منظومة البحث والتطوير في عملها لغاية الارتقاء به ورفع سويته، كما تؤكد على الإبداع والتجديد، وتوليد حلول ابتكاريه باستمرار بهدف الوصول إلى درجات عليا من الأداء والإتقان والتميز.

12. إدارة المشاركة وفرق العمل: أي القدرة على تكوين فرق العمل وإدارتها والتعامل الصحي السليم معها، والتزام المرونة في التوجيه والقيادة بما يتناسب مع تكوين كل جماعة وطبيعة عملها.

- جوانب التغيير التربوي في الأردن:

فيما يلي بعض أبرز جوانب التغيير والتطوير في وزارة التربية والتعليم الأردنية:

أولا: الأهداف والسياسات والاستراتيجيات التربوية:

وقد أشار المؤتمر الوطني التربوي للعام 1999م إلى السياسات والاستراتيجيات المستقبلية الآتية:

- السعي لتحقيق تربية نوعية مميزة، تنعكس على كافة مدخلات النظام التعليمي وعملياته ونواتجه.

- توجيه النظام التربوي توجيها يساهم في تلبية الاحتياجات الفردية والمجتمعية، ويساعد على التعايش مع عصر العولمة والمعلوماتية.

- ترجمة شعار "التربية قضية وطنية" عمليا من خلال تعزيز مشاركة المؤسسات المجتمعية المختلفة في عملية تطوير النظام التربوي ومتابعة فعالياته.

- توجيه النظام التربوي لمراعاة متطلبات سوق العمل والمستجدات على الساحة الأردنية من جهة؛ ولمواكبة المتغيرات المتلاحقة على الساحتين الإقليمية والعالمية من جهة أخرى.

- تعزيز التوجيه نحو تحقيق اللامركزية في التعليم، واعتماد المدرسة في إدخال التجديدات التربوية.

- السعي لترجمة التربية المستديمة بصورة عملية.

- العمل على تحسين المناخ التنظيمي للمدرسة بعامة، وللغرفة الصفية بخاصة.

- تيسير سبل استخدام تكنولوجيا المعلومات في مجال التعليم والإدارة.

- اعتماد المنهج العلمي في النظام التربوي: تخطيطا وتنفيذا وتقويما.

- تطوير التشريعات التربوية التي تعالج مختلف عناصر النظام التربوي وفعالياته.

- تأكيد أهمية التربية السياسية والمدنية في النظام التربوي.

- السعي لتحقيق "مهنة التعليم" والوصول بهذه المهنة إلى مصاف المهن المرموقة التي لها قواعدها المهنية والأخلاقية.

- الارتقاء بمكانة المعلم العلمية والاجتماعية والاقتصادية.

- تفعيل دور الإدارة والإشراف التربوي وتكاملهما.

- مواصلة تطوير المنهاج وتجديده وتجويده، لمواكبة التطورات المتسارعة، وللمواءمة مع الحاجات المتغيرة للفرد والمجتمع.

- تطوير التقنيات التربوية بما يواكب المستجدات التكنولوجية.

- تطوير البناء المدرسي، كما ونوعا وتجهيزا.

- تعميق المؤسسية في السلوك الإداري العام، والعمل على رفع كفاءة الجهاز الإداري في المركز والميدان.

ثانيا: المناهج والكتب المدرسية:

اشتملت الخطوط العريضة لمختلف المباحث في المرحلتين الأساسية والثانوية، على جملة من الأهداف التي يعمل تحقيقها على بناء الفرد القادر على مواجهة تحديات العصر- ومنها:

- وعي الطالب بمشكلات وطنه وأمته، الاقتصادية والاجتماعية والسياسية في ضوء المشكلات والقضايا الدولية.

- التكيف إيجابيا مع التغيرات البيئية والسكانية والاجتماعية والثقافية واستثمارها وتطويرها.

- الإلمام بقدر كافٍ من المعلومات وإتقان العمليات المتصلة بجمعها وتخزينها ومعالجتها وطرق الاستفادة منها.

- الاستيعاب الواعي للتكنولوجيا واكتساب المهارة في التعامل معها وإنتاجها وتطويرها وتسخيرها لخدمة المجتمع.

- تقدير إنسانية الإنسان وتكوين قيم واتجاهات إيجابية نحو الذات والآخرين والعمل والتقدم الاجتماعي، وتمثل مبادئ الديمقراطية في السلوك الفردي والاجتماعي.

- توجيه العملية التربوية توجيها يطور شخصية المواطن وينمي قدرته على التحليل والنقد والمبادرة والإبداع والحوار الإيجابي، ويعزز القيمة المستمدة من التراث العربي والإسلامي والإنساني.

- مراعاة التغيرات والمستجدات في مجالات المعرفة، وتحديث المعلومات والأساليب والوسائل بحيث تنسجم مع معطيات العصر وبخاصة في العلوم والتكنولوجيا.

- تعايش الفرد مع فئات مجتمعه، والتحلي بالموضوعية والمحبة والتسامح في تعامله معهم وتقبل النقد وحسن الانتقاد، والابتعاد عن أشكال التعصب المختلفة.

ثالثا: إعداد المعلمين وتدريبهم:

لم يعد المعلم مجرد ملقن للمعرفة والمصدر الوحيد لها، بل أصبح موجها ومخططا ومنسقا وميسرا لتعلم طلابه، وقادرا على فهم حاجاتهم وخصائص نموهم وعلى إرشادهم وتأمين الأجواء المناسبة لتيسير مشاركتهم وتعلمهم

49

الذاتي وتنمية قدراتهم الفكرية والتحليلية والنقدية، ولهذا فقد بات من الضروري أن يكون المعلم متمتعا بسمات شخصية مناسبة، وبقدرات خلاقة، معدا إعدادا جيدا أكاديميا وثقافيا ومهنيا، وقادرا على تنمية نفسه وتجديد معلوماته باستمرار، وعلى إجراء البحوث المتعلقة بعمله، وقادرا على حل المشكلات والتحليل والنقد، وعلى العمل ضمن فريق، وإقامة علاقات إيجابية مع زملائه ومع سائر الذين يتعامل معهم، والانفتاح على المجتمع المحلي.

فانطلاقا من الدور المحوري الذي يضطلع به المعلم في النظام التربوي، فان وزارة التربية والتعليم تولي مهنة التعليم والارتقاء بالمعلم كل اهتمامها، وذلك لإتاحة فرص النمو المهني المستمر، وقد تضاعفت أهمية تدريب المعلمين أثناء الخدمة بسبب التوسع الهائل في تقديم الخدمات التربوية، ونتيجة للزيادة الكبيرة في أعداد الطلاب التي شهدتها المملكة خلال العقود الأخيرة.

* أهداف التدريب التربوي للمعلمين في الأردن:

يهدف التدريب التربوي إلى تمكين المعلمين بشكل عام من:

- فهم فلسفة التطوير التربوي وتوجهاته في الأردن.
- تعميق الاتجاهات الإيجابية نحو المهنة التي يمارسونها.
- إتقان مهارات الاتصال والقيادة وإدارة الوقت.
- تمثل القواعد الأخلاقية للمهنة وتطبيقها سلوكيا.
- الاقتناع بأهمية النمو المهني.

رابعا: الإدارة التربوية:

التغيير الإداري هو ذلك التغيير المخطط الذي يقصد تحسين فعالية الإدارة، وتقوية إمكانية حل المشاكل التي تواجه الإدارة. وتعتمد عملية التغيير الإداري على خطة طويلة المدى لتحسين أداء الإدارة في طريقة حلها للمشاكل، وتغييرها لممارساتها الإدارية، وتعتمد هذه الخطة على مجهود تعاوني بين الإداريين، وعلى الأخذ في الحسبان البيئة التي تعمل فيها الإدارة، وعلى التطبيق العلمي للعلوم السلوكية.

ومن الأسباب التي تدفع الإدارات التربوية إلى إحداث تطوير وتغيير في أجزاءها، وجود تغييرات ومشاكل محيطة بها، فلا يمكن حل هذه المشاكل أو التواكب مع التغييرات المحيطة ما لم تحدث بعض التغييرات في أجزاء الإدارة وفي الأسلوب الذي تفكر به في مواجهة مشاكلها، ويمكن تحويلها إلى أهداف مثل:

- فحص مستمر لنمو أو تدهور الإدارة والفرص المحيطة به.

- تطوير أساليب الإدارة في علاجها للمشاكل التي تواجهها.

- زيادة الثقة والاحترام والتفاعل بين أفراد الإدارة.

- زيادة حماس ومقدرة أفراد الإدارة في مواجهة مشاكلهم وفي انضباطهم الذاتي.

- تطوير قيادات قادرة على الإبداع الإداري وراغبة فيه.

- زيادة قدرة الإدارة الحفاظ على أصالة الصفات المميزة لأفراد وجماعات وإدارات وعمل وإنتاج الإدارة.

- تهيئة مناخ مناسب لتبني التطوير والإبداع.

51

* بعض ملامح الإدارة التربوية في وزارة التربية والتعليم:

1. ما زالت سرعة الحصول على المعلومة بطيئة وتتطلب وقتا غير قصير، وقد يكون هذا ناتجا عن:

    -   قصور في مستوى أداء الجهاز الإداري.

    -   النظرة إلى الإدارة بعيدا عن المفهوم العلمي والتخصص.

    -   تعقيدات أو تقاليد راسخة في حركة المعلومات والملفات.

2. غياب معايير لتقويم أداء الموظفين، وظهور "نمط" لموظف التربية والتعليم بأنه: "موظف بطيء الحركة، ليس شفافا، يمتلك وقتا طويلا ينفقه في قضايا غير مهنية، محدود الثقافة، غير واعٍ لما يحيط به من تغيرات.

3. المركزية الشديدة والتي تظهر عادة في مركز واحد لاتخاذ القرار العام، أو في طـول رحلـة الملف الواحد صعودا وهبوطا.

4. غياب الكثير من المعلومات الهامة عن تاريخ النشاطات التربوية المختلفـة، الأمـر الـذي يجعل الوزارة غير معتمدة على ذاكرة واعيـة بتاريخهـا، ونشـاطاتها المسـبقة في مجالات العمل المختلفة.

5. بطء اتخاذ القرار الإداري وبقاء الكثير من القضايا معلقة دون حسم.

6. وجود معايير دقيقة لاختيار الوظائف الـدنيا، وغياب أيـة معايير لاختيار القيـادات المتوسطة والعليا.

7. ما زالت الـوزارة لا تملك أيـة معلومـات محـددة عـن اتجاهـات المعلمـين والإداريين في الوزارة نحو أعمالهم ومهامهم.

8. إن اهتمام الوزارة بالصف الثاني من القيادات ما زال محدودا حيث لا تتاح الفرصة عادة لهذه القيادات بالحصول على الخبرات والتـدريب الكـافي الـذي يمكنهـا مـن الوصـول إلى القيادة بكفاءة وجدارة.

9. تعاني الـوزارة مـن نقـص واضـح في تـدريب العـاملين في مختلـف مسـتويات القيادة أو الإدارة، فالبرامج الحالية قليلة جدا ومبعثرة وهي أشبه بمواقف غير مترابطة، ولا تشـكل برامج متكاملة.

خامسا: الأبنية والتجهيزات والتقنيات التربوية:

ير كثير من المـربين أن المبنـى المـدرسي يجـب أن يصمم بنـاء علـى توقعـات التعليم في المستقبل، وان يهيأ لمزاولة بعض النشاطات المدرسية بعد نهاية اليوم المدرسي، حيث يعد المبنـى من الدعائم الأساسية في العملية التعليمية، لأنه يمثل الوعاء الذي تتفاعل فيه جميـع العمليـات التعليمية والتربوية.

فالبناء المدرسي وما يتبعه من مرافق وتسهيلات تربوية مـن المـدخلات الهامـة في النظـام التربوي التي يجب توفيرها لتسهيل العملية التربوية، ولتحقيق مردود أفضل، ولمواكبة التطور في مجال التربية والتعليم.

* أهداف الخطة الشاملة للأبنية المدرسية:

1. الاستغناء عن جميع الأبنية المدرسية المستأجرة.
2. التخلص من نظام الفترتين.
3. مواجهة الزيادات السنوية في أعداد الطلاب.
4. تطوير نماذج الأبنية المدرسية.

5. تأمين المرافق والتسهيلات التربوية للمدارس القائمة.

6. تأمين الأثاث والتجهيزات للأبنية المدرسية.

7. تأمين الأراضي اللازمة للأبنية المدرسية.

8. إنشاء نظام صيانة شامل ومتكامل للأبنية المدرسية.

9. رفع كفاءة إدارة الأعمال الهندسية في الوزارة والميدان .

كما وتعنى وزارة التربية في مجال التقنيات التربوية بتوفير الأجهزة والبرامج والمواد التعليمية للمدارس، ومتابعة حسن توظيفها واستخدامها بهدف توفير البيئة المدرسية الداعمة.

فيهدف مشروع تطوير التقنيات التربوية إلى:

أ. تطوير التقنيات التربوية بمختلف أشكالها بما يواكب المستجدات التكنولوجية.

ب. توظيف التقنيات التربوية بفعالية في العملية التعليمية – التعلمية باعتبارها جزءا لا يتجزأ من المنهاج التربوي.

ويتم تحقيق الأهداف من خلال الإجراءات الآتية:

- تعميم مراكز مصادر التعلم وتطوير تجهيزاتها، والعمل على حوسبتها، وربطها بشبكة الإنترنت أو قاعدة المعلومات.

- تطوير إنتاج الوسائل التعليمية وفقا لتطور المناهج الدراسية.

- رفع نسبة تجهيز المختبرات المدرسية القائمة إلى (80%) من متطلباتها الأساسية.

- إنتاج حقائب تعليمية ومجموعات علمية مخبرية.
- حوسبة العمل المخبري.
- تطوير البرامج الإذاعية والتلفزيونية كما ونوعا.
- التوسع في إنتاج البرامج الموجهة لشرائح مختلفة في المجتمع المحلي.

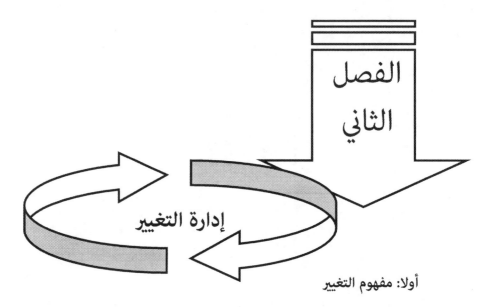

الفصل الثاني

إدارة التغيير

أولا: مفهوم التغيير

ثانيا: الإدارة والتغيير

ثالثا: التغيير التنظيمي

رابعا: إدارة التغيير

الفصل الثاني
إدارة التغيير

إن قضية التغيير تطرح في الواقع قصة الإنسان في سعيه الدائم نحو الكمال، فالإنسان خلق قاصرا، فالكمال لله وحده، ولكن مع هذا القصور وبه استطاع هذا الإنسان أن يسطر أعظم ملحمة للتقدم؛ فالإنسان من دون الكائنات صاحب حضارة وتاريخ لأنه يدرك هذا القصور ويثور عليه ويطالب بالتغيير ويحققه، ومن هنا فإن لقصور الإنسان جانبه المشرق، فهو عن طريق التغيير أصبح عنصرا للتقدم والرقي، فنقص الإنسان وعجزه ليس دائما مدعاة للحسرة والألم، بل إنه كثيرا ما يمثل فسحة الأمل للتقدم والرقي، فالتغيير هو ما يعطي الإنسان إنسانيته، ويضفي على قصته حلاوة وإثارة، وبدونه تتبلد حياته ويسقط في مصيدة الجمود واليأس .

ولقد ظل التغيير طوال سنوات القرن العشرين يأتي نتيجة محاولة لحل مشكلة ما، وظلت المقولة الشعبية الأمريكية: "إذا لم يكن مكسورا، فلماذا تصلحه؟" "If it is not broken, why fix it?" قاعدة تنطلق منها التغيرات الصناعية، ومجريات البحث والتطوير، ومع نهاية القرن العشرين اكتشف أرباب الصناعة الأمريكية أن هذه المقولة تكاد تعصف بمستقبلهم الصناعي كله،

واتجهت أبصارهم إلى التغيير من أجل إبداع تصاميم جديدة، لم تكن موجودة سابقا، ولكن ذلك لا يعني نهاية الطيف الأول من أنماط التغيير، فالمشاكل لا بد أن تظل موجودة وكل حل ينطوي على تغيير ما، وكل تغيير لا بد أن يتعرض إلى مقاومة، لأن من طبيعة البشر أن يتخذوا موقفا عدائيا أو سلبيا على الأقل "أنهم أعداء ما جهلوا".

ويقول علماء الاجتماع "إن الشيء الوحيد الذي لا يتغير هو التغيير نفسه" وذلك لأن التغيير حالة مستمرة تحصل بفعل إرادي أو غير إرادي عن قصد أو غير قصد، بتخطيط مسبق أو بصورة عفوية تلقائية أو بحكم الظروف، وقد يكون التغيير في البيئة الداخلية أو الخارجية بكل انعكاساته السلبية والإيجابية، إن التغيير حالة من حالات عدم الاستقرار وعدم الثبات ومن باب التخطيط والتنظيم يدخل التغيير بزي إبداعي وأخلاقي كونه يرتكز على خطط وخطوات متسلسلة حسب أسبقيات الأحداث والأنشطة وبتوقيتها الزمني مدعوما بإمكانيات وقدرات ومهارات مرصودة عن سبق وإصرار.

ويمثل التغيير أحد التطبيقات الهامة لعلم السلوك التنظيمي ويهتم هذا المجال بالتغييرات المخططة في المنظمات، أي بإحداث بعض التغييرات أو التطويرات المطلوبة في المنظمات، ويعتبر التغيير أو التطوير سمة أساسية للمنظمات الناجحة، وذلك لأن؛ البيئة التي فيها التنظيم تتغير، وعليه، فإن التغيير والتطوير التنظيمي يشمل العاملين وجماعات العمل والأقسام والوظائف والسياسات والتنظيم.

ولهذا يعتبر تعلم إدارة التغيير أحد المهارات الرئيسية التي تمكن المدير من مواجهة التحديات المتسارعة في ظل عالمنا المتحرك، لما يتطلبه النجاح أو مجرد البقاء اليوم من تغيرات مستمرة. والوجود يعتبر تغييرا، ومن ثم لا يمكن البقاء دون التكيف مع إحداث التغيير.

ويؤكد ذلك دراسة عن أسباب بقاء بعض المؤسسات الكبيرة في الولايات المتحدة الأمريكية ناجحة ومتقدمة ومتطورة لمدة ستين عاما وما زالت مستمرة حتى الآن. وقد كان أحد هذه الأسباب هي قدرة تلك المنظمات على إجراء التغييرات المناسبة في هيكلها التنظيمي وفي التكنولوجيا المستخدمة، وفي سلوكيات الأفراد بما يتناسب مع التغييرات في ظروف تلك المؤسسات وبما يتناسب مع التغييرات التي حدثت في المجتمع الأمريكي.

وتركز دراسة عملية التغيير على مداخل نظرية متعددة للإدارة تبدأ من النظرة التقليدية للإدارة ومداخلها المختلفة والتي لم تعد صالحة لمعالجة مجهودات التغيير بفعالية في ظل متطلبات المستقبل، فلم تعد مسؤولية المؤسسة تنحصر في وضع السياسات والنظم وتركها تعمل تلقائيا، بل عليها أن تساهم في بناء المجتمع وتنميته، وبالتالي امتدت مسؤولية الإدارة لتتضمن إعطاء أهمية للأداء الفردي من جانب، مع توحيد وتوفيق المجهودات الفردية لخدمة متطلبات التغيير من جانب آخر، ثم أتى اهتمام مدرسة العلاقات الإنسانية بالإنسان الذي كان يقصد منه الاستفادة من طاقات الفرد العامل إلى أقصى حد للمساهمة في تحسين الإنتاجية المادية، والتي تنتهي باستفادة أصحاب الشأن منها، بصرف النظر عن إعادة التوزيع العادل والأخذ بيد غير القادرين على الإنتاج.

إن الفكرة المهيمنة لنظرية الإدارة الحديثة تتمثل في فهم وإيجاد التغيير والتكيف معه، كما أن جوهر مهمة الإدارة أصبح يتمثل في استخدام المنطق أو التنبؤ العلمي في التعامل مع هذا الموضوع، وينظر إلى التغيير الآن على أنه المفتاح الأساسي لنجاح المنظمة وتميزها، فمفهوم التغيير يتغلغل في كل عوامل نجاح المنظمة.

أولا: مفهوم التغيير:

إن المفهوم اللغوي للتغيير كما جاء في المعجم الوسيط: (غَيّرَ) فلان من بعيره: حط عنه رحله وأصلح من شأنه، يقال نَزَل القوم يغيرون. والشيء بدل به غيره؛ يقال: غيرت دابتي وغيرت ثيابي. وجعله على غير ما كان عليه؛ يقال: غيرت داري إذا بنيتها بناء غير الذي كان.

وقد قدم مجموعة من دارسي التغيير العديد من التعريفات المختلفة للتغيير، وقد تفاوتوا في نظرتهم تجاه هذا المفهوم، وفيما يلي عرض لعدد من التعريفات حول هذا المفهوم.

فقد عرفه الحمادي "بأنه التحول من نقطة أو حالة في فترة زمنية معينة إلى نقطة أو حالة أخرى في المستقبل".

وعرف نايولز (Naiolls) التغيير بأنه "فكرة أو ممارسة أو تطبيق يقوم به الفرد أو الأفراد لإحداث التجديد في ضوء أهداف مرغوبة أساسية مخططة ومدروسة".

وعرفه السلمي "على أنه إحداث التعديلات في أهداف الإدارة وسياساتها، أو في أي عنصر من عناصر العمل التنظيمي، بقصد تحقيق أحد أمرين هما: ملائمة أوضاع التنظيم، أو استحداث أوضاع تنظيمية وأساليب إدارية وأوجه نشاط جديدة تحقق للتنظيم سبقا على غيره من المنظمات".

ويتضح من خلال استعراض التعريفات السابقة بأنها اتفقت على أن التغيير يمثل تعديلا في الوضع الراهن للانتقال للوضع المستقبلي، وذلك لتحقيق التكيف والتفاعل مع البيئة المحيطة.

أما فيما يتعلق بمفهوم إدارة التغيير فقد عرفها عامر "بأنها تعبر عن كيفية استخدام أفضل الطرق اقتصادا وفعالية لإحداث التغيير وعلى مراحل، بقصد خدمة الأهداف المنشودة للاضطلاع بالمسؤوليات التي تمليها أبعاد التغيير الفعال".

وعرف اللوزي إدارة التغيير "بأنها عملية تبديل أو تعديل أو إلغاء أو إضافة مخطط لها في بعض أهداف المؤسسات وسياساتها، أو قيم واتجاهات الأفراد والجماعات فيها، أو في الإمكانيات والموارد المتاحة لها، أو في أساليب وطرق العمل ووسائله ويستجيب لها المديرون بأشكال وطرق مختلف لزيادة فاعلية أداء هذه المؤسسات وتحقيق كفاءتها".

وعرفها وودين فنك "بأنها ذلك التغيير المخطط الذي يقصد منه تحسين فعالية وتقوية إمكانية مواجهة المشاكل الإدارية، وهي خطة طويلة المدى لتحسين أداء الإدارة في طريقة حلها للمشاكل وتجديدها وتغييرها لممارساتها

الإدارية، وتعتمد هذه الخطة على مجهود تعاوني بين الإداريين، وعلى الأخذ في الحسبان البيئة التي تعمل فيها الإدارة، وعلى التدخل من طرف خارجي، وعلى التطبيق العلمي للعلوم السلوكية".

ومن خلال استعراض التعريفات السابقة لإدارة التغيير نجد أنها تشمل النقاط الآتية:

- إدارة التغيير جهد مخطط.
- إدارة التغيير تسعى لتحقيق أهداف موضوعة.
- إدارة التغيير تكون إما بالسلوك أو بالأفكار أو بالاتجاهات.

ثانيا: الإدارة والتغيير:

تعتبر الإدارة نظامٌ فرعيٌ يتفاعل مع كافة المتغيرات المحلية والعالمية، فالإدارة ظاهرة مجتمعية تشكل جزءا هاما من نسيج المجتمع، فإذا كان المجتمع متغيرا ومتطورا، وهو بذاته جزء من نظام فرعي أكبر وهو العالم، فإن أي متغيرات عالمية تؤثر على المجتمع الواحد، الأمر الذي يؤثر على الإدارة في ذلك المجتمع، فالعلاقة بين الإدارة والمجتمع علاقة تبادلية تفاعلية.

"لذلك لا يمكن فصل الإدارة عن الظروف والمتغيرات الاقتصادية والاجتماعية والسياسية والثقافية والتكنولوجية على الساحة العالمية والمحلية في أي مجتمع. فالإدارة تؤثر وتتأثر بكل ما يدور حولها من متغيرات، فهي تتداخل وتترابط مع كل متغيرات العصر".

والشكل التالي رقم (1) يوضح العلاقة التفاعلية بين الإدارة كنظام فرعي داخل المجتمع بكافة متغيراته و مؤثرا ته المختلفة، وأيضا كنظام فرعي في نظام أكبر في العالم الخارجي بكافة متغيرات العصر، والتي تتفاعل جميعها مع بعضها البعض.

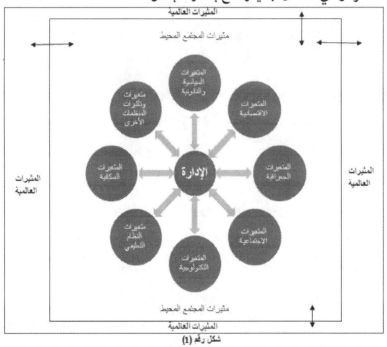

شكل رقم (1)

العلاقة التفاعلية بين الإدارة والمتغيرات الخارجية في المجتمع المحلي والعالمي

يبين الشكل (1) أن الإدارة تؤثر وتتأثر بكل المتغيرات الخارجية بالمجتمع المحلي والعالمي المحيطة بها كالمتغيرات السياسية والقانونية والاقتصادية والاجتماعية والجغرافية والسكانية والتكنولوجية إلى جانب المتغيرات المرتبطة بالنظام التعليمي، وأيضا المتغيرات والتأثيرات الخاصة بالمنظمات الأخرى.

وإلى جانب هذه المتغيرات الخارجية فإن هناك أيضا متغيرات وعوامل داخلية تؤثر وتتأثر بالإدارة كالتنظيم الرسمي والتنظيم غير الرسمي والعوامل الفنية.

فكل هذه المتغيرات سواء الداخلية أو الخارجية تؤثر تأثيرا كبيرا على إدارة المنظمة أو المؤسسة والعاملين بها، لذلك يجب على الإدارة الاستفادة من النواحي الإيجابية وتجنب النواحي السلبية أو الحد من آثارها، كما أن إدارة المنظمة الناجحة هي التي تهتم بدراسة تلك المتغيرات حتى لا تسير في اتجاه، والمجتمع المحيط بها يسير في اتجاه آخر.

ثالثا: التغيير التنظيمي

يعرف بيكارد التغيير التنظيمي بأنه جهد مخطط يشمل المنظمة بأكملها ويدار من القمة بغية زيادة فعالية التنظيم وتقويته من خلال تداخلات مدروسة في عملية التنظيم وذلك باستخدام نظرية العلوم السلوكية.

ويعرفه فرنش بأنه جهد و نشاط طويل المدى يستهدف تحسين قدرة المنظمة على حل مشكلاتها وتجديد ذاتها من خلال إدارة مشتركة وتعاونية وفعالة لمناخ التنظيم تعطى تأكيدا خاصا للعمل الجماعي الشامل.

ويعرفه جبسون بأنه الجهود الرامية إلى زيادة فاعلية المنظمات عن طريق تحقيق التكامل بين الرغبات والأهداف الشخصية للأفراد مع أهداف المنظمة بوضع البرامج المخططة للتغيير الشامل لكل المنظمة وعناصرها.

ويلاحظ أن هذه التعريفات تتفق على أن جوهر عملية التغيير والتطوير التنظيمي مرتبط بسلوك الفرد وسلوك جماعة العمل في منظمات

العمل سواء كانت حكومية أو غير حكومية. وتكون أداة تنفيذ التغيير عن طريق تطوير القدرات والمهارات الإنسانية وحل مشكلتها باستمرار وفقا للمتغيرات البيئية الاقتصادية منها أو الفنية أو التقنية.

مما سبق ممكن تعريف التغيير التنظيمي بأنة محاولة لتحديث، أو تعديل البيئة التنظيمية وتشمل: الأهداف، التقنية المستخدمة أو مهمات العمل للمنظمة ومواقف أو اتجاهات الناس نحو التغيير، وردود الفعل المؤثرة على التغيير والنزعة السلوكية نحو التغيير. فالتغيير المدروس يعتمد على تشخيص دقيق للوضع الحالي للمنظمة من حيث دورها واختصاصها وأدائها وقيمها، والوضع القيادي، والتنظيمي والوظيفي والمالي والتنافسي وعلى تحليل رضا العملاء ومعنويات الموظفين.

إن التطوير يدور حول المنظمات والعاملين فيها، وكذلك حول كيفية الأداء للمهام بفاعلية، وقد أكد كل من فرنش و بل بأن تطوير المنظمة هو تغيير مخطط في صراع تنظيمي وتكون الفطرة السليمة مشاركة فيه، وهو حقيقة جزء مكمل في نظام اجتماعي كبير. ومن هنا فان من الواضح أن تطوير المنظمة يهتم بالتخطيط والتطبيق للتغيير الذي تم تيسيره بواسطة تصور التطوير التنظيمي. فالنماذج ونظريات التغيير مجالات مهمة لبعض ما يمكن إدراكه لأهمية الإبداع والتجديد والتكيف مع أحداث التغيير المدروس.

إن التغيير المخطط يشتمل على ثلاث خطوات إجرائية:-

- عدم تجميد السلوك القديم.

- تحريكه نحو السلوك المرغوب أو النمط الجديد.

- إعادة تجميد السلوك الجديد عند المستوى المطلوب.

ونستطيع أن نقول بأن التطوير التنظيمي هو عملية للتغيير المخطط، ترمي إلى بناء الفاعلية المنظمة، والى زيادة القدرات الداخلية للأفراد وفرق العمل للوصول إلى مستويات أعلى في الأداء والإدارة. وهي مهمة أيضا لدراسة نماذج التغيير الأكثر مناسبة للمنظمة لتحقيق التوازن بين بيئة المنظمة وثقافتها ونمط قيادتها وإمكاناتها.

- مراحل التغيير التنظيمي:

وللتغيير التنظيمي مراحله الأساسية وفيما يلي لمحات عن طبيعة كل مرحلة من مراحل التغيير التنظيمي والأخذ بأسبابها ومقوماتها وصولا إلى النتائج المأمولة منها.

أولا: الدراسة التشخيصية:

تنطلق عملية التغيير التنظيمي من ثلاثة محاور هي الإنسان ثم نظم العمل ثم معدات وتسهيلات العمل. ومن ثم فإن الدراسة التشخيصية التي تهدف إلى التطوير التنظيمي لابد أن تتعرف على هذه المحاور الثلاثة لاكتشاف فرص التطوير ومواجهة التغييرات وإحداث التغيير المطلوب. أول هذه المحاور بطبيعة

الحال هو الإنسان. واكتشاف فرص التطوير في هذا المحور ترتبط بالمحاور الأخرى، إلا أن هـذا لا يبقي تشخيص كل محور على حدة وتشخيص المحاور الثلاثة مجتمعة ومرتبطة.

فعمليــة تشخيص المحـور الخـاص بالإنسـان يبـدأ بطـرح الأسـئلة التاليـة:

* ما هي الأدوار والمسؤوليات التي يمارسها عضو المنظمة؟

* ما هو ارتباط هذه الأدوار والمسؤوليات بالغير؟

* ما هي طبيعة اشتراك الغير في دور ومسؤوليات الفرد؟

* ما هو الموقع التنظيمي بالنسبة للفرد؟

* ما هو موقع الوحدة التنظيمية بالنسبة للتنظيم العام للمنظمة؟

* ما هي المعدات والتسهيلات التي يتطلبها القيـام بالعمـل ونوع هـذه التسـهيلات، نظـم وإجراءات Software ومعدات صلبة Hardware ؟

* ما هي المشاكل والمعوقات التي تعترض العمل: معوقات بشرية، ومعوقات نظم وإجراءات، أو معوقات تسهيلات ومعدات؟

ثانيا: وضع خطة التطوير:

تمر عملية وضع خطة التطوير بمرحلتين :اكتشاف فرصة التطوير ووضع خطـة التطـوير في ضوء الأهداف والإمكانيات المتاحة. ويكون ذلك أيضا بطرح مجموعة مـن الأسـئلة، وهـذه الأسئلة تدور حول الأبعاد الآتية:

- ما هي الأهداف المعلنة للمنظمة؟

- ما هي فرصة التطوير المتاحة العاجل منها والآجل، الممكن منها وغير الممكن؟

- ما هي التكلفة المادية، الزمن المتاح، المكان المتاح، التسهيلات المادية المتاحة وغير المتاحة، النظم والتنظيمات التي تحتاج إلى تعديل ونطاق الزمن المسموح به؟

هذه الأسئلة تتناول استكشاف فرص التطوير أما وضع خطة التطوير ذاتها فيتطلب أيضا تحديد مكونات الخطة: أفراد، معدات وتسهيلات، نظم وتنظيمات، تكلفة، فترة زمنية، أساليب المراجعة وفقا لتوقيت الخطة وهناك....مبادئ خمسة لا ينبغي تجاوزها وهي:

* أن تكون الخطة محددة ومكتوبة ومعلنة وقابلة للمراجعة.

* أن تكون الخطة قابلة للتحقيق في حدود التكاليف والإمكانيات المتاحة.

* أن تكون الخطة متماسكة ومترابطة ومتجانسة وتؤدي إلى تحقيق الهدف منها.

* أن تكون الخطة قابلة للقياس في ضوء وحدة إنتاج محددة مقارنة بوحدة تكلفة محددة كمية إنتاج محددة ونوعية محددة أيضا.

* أن تكون ذات مساحة زمنية محددة.

ثالثا: التهيئة لقبول التطوير ورعايته:

توضع الخطط لتقبل التنفيذ، وتواجه الخطط عند التنفيذ مقاومة معلنة أو مكتوبة، هذه فرضية صحيحة فالإنسان يقاوم التغيير بطبعه وإن كان يتوقعه. هذه حقيقة أن عملية وضع الخطط لابد أن تضع في اعتبارها التهيئة لهذه الخطة

لضمان التنفيذ السليم، ولعل خطط التغيير التنظيمي أولى بذلك من غيرها لأن الإنسان هو أحد الأركان الأساسية في عمليات التغيير التنظيمي.

رابعا: إدارة التغيير:

1- جوانب فهم التغيير

ويمكن فهم التغيير من خلال التعرف على الجوانب الآتية:

أولا: فهم الفرد:

إن أول شيء يجب أخذه في الاعتبار هو الوقوف على كيفية تأثير التغيير على الفرد، وهذا يستدعي الوقوف على ماهية وأبعاد التغيير المخطط وغير المخطط، وإذا ما كانت التغييرات مرغوبة أم مفروضة. فقد شاع أن تقييم الفرد لذاته يؤثر بعملية التغيير، وهناك سبع مراحل لتقييم الذات أثناء التغيير موضحة بالشكل الآتي:

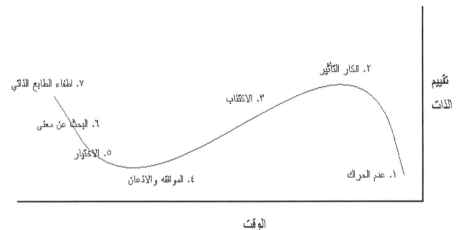

شكل(2)
مراحل تقييم الذات أثناء التغيير

1. المرحلة الأولى: عدم الحراك: يبدأ الأفراد بتكوين صور للتغيير المحتمل، وتكون ردود أفعالهم الأولية مصحوبة بالصدمة وعدم التصديق، لذلك فإنهم لا يفعلون شيئا.
2. المرحلة الثانية: إنكار الذات: يقارن الأفراد صورة التغيير المحتمل مع الصورة الموجودة في خيالهم، وبعدها يشرعون بتقليل تأثيرها وينكرون حدوث التغيير.
3. المرحلة الثالثة: الاكتئاب: عندما يصبح التغيير حقيقة واقعة، ينتاب الأفراد شعور بعدم السعادة والارتباك، ويبذلون قصارى جهدهم لتكوين معنى للتغيير.
4. المرحلة الرابعة: الموافقة والإذعان: يقبل الأفراد في النهاية التغيير كحقيقة واقعة.
5. المرحلة الخامسة: الاختيار: يختار الأفراد طرق تساعدهم على مسايرة التغيير والتوافق معه.
6. المرحلة السادسة: البحث عن معنى: يشرع الأفراد في فهم الطرق الجديدة، والوقوف على كيفية استخدامها وتكييفها.
7. المرحلة السابعة: إضفاء الطابع الذاتي: يصبح لدى الأفراد ثقة في أنفسهم للتوافق مع طرق العمل المقبولة وتطويرها، بالإضافة إلى أنه أصبح بمقدورهم تدعيم جوانب القوة لديهم.

ثانيا: فهم التنظيم:

إن فهم التنظيم الذي يعمل قائد التغيير في إطاره، سواء فيما يتعلق بنموذج الاجتماعات الرسمية، ووسائل كتابة التقارير، وتحديد الصلاحيات، أو بالطرق غير الرسمية مهم وضروري لإدارة التغيير بصورة ناجحة.

فالتغيير يحدث ضغوطا في أية مؤسسة، وينطبق هذا كثيرا على المؤسسات التي لا تمتلك ناصية الخبرة في هذا الشأن. وهناك تفاوت في التجاوب مع التغيير بين مؤسسة وأخرى وضمن المستويات المختلفة كما يلي:

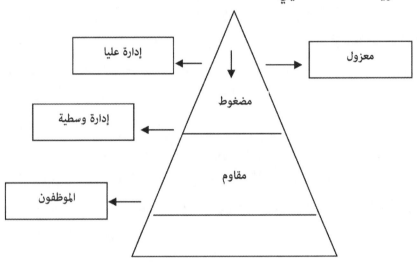

شكل (3)
التجاوب التنظيمي مع التغيير

يظهر الشكل (3)المستويات المختلفة للتنظيم ودورها في التجاوب مع التغيير، ويمكن توضيحها بالاتي:

73

- الإدارة العليا:

تواجه الإدارة العليا أوقاتا عصيبة في سياق محاولتها السيطرة على المضامين المباشرة للتغيير، وتلجأ هذه الإدارات غالبا إلى التهوين من شأن وطأة التغيير على الموظفين، وهكذا تحكم على نفسها بالعزلة، وتركن إلى جلسات التخطيط الإستراتيجية وجمع المعلومات المتوفرة في تقارير المسوحات، وهي تتوقع من موظفيها أن يمضوا قدما عندما يتم الإعلان عن تغيير ما، وتنحو باللائمة على الإدارات الوسطية عندما يقاوم الموظفون أو يتذمرون من هذا التغيير.

- الإدارة الوسطية:

يشعر المديرون هنا بأنهم يقعون تحت ضغط ناجم عن محاولة جعل المؤسسة تتغير وفق رغبات الإدارة العليا، وبأن عوامل شتى تجذبهم في اتجاهات مختلفة، فهم في الوسط، يواجهون الضغوط؛ وذلك لعدم وجود تعليمات واضحة لديهم، كما أنهم محاصرون بموظفين مضطربين ومقاومين أو منسحبين لم يعد بوسعهم أن يتجاوبوا مع أساليب الإدارة القديمة.

- الموظفون:

غالبا ما يشعر الموظفون أنهم تعرضوا إلى هجوم أو خيانة عندما تعلن عليهم الإدارة نبأ إجراء تغيير ما، ولهذا فإن كثيرا منهم يردون على ذلك بالمقاومة والغضب، وإبداء مشاعر الإحباط والارتباك، وقد تتكتل كل هذه معا لتبني جدارا من حالة "التقاعد في موقع العمل"، ويخشى هؤلاء الإقدام على

74

المخاطر، أو ابتكار أشياء جديدة، إنهم يعانون من خسارة العلاقات السابقة ونماذج الوظيفة الآمنة والهياكل الوظيفية التقليدية.

2- مجالات التغيير:

التغيير يمكن أن يكون في أي مجال من مجالات حياة الإنسان العامة أو الخاصة، ومن هذه المجالات ما يلي:

1- التغيير في المبادئ والقيم.

2- التغيير في السلوك والتعامل مع الآخرين.

3- التغيير في أساليب الإدارة والقيادة.

4- التغيير في الوظيفة والعمل.

5- التغيير في اللوائح والقوانين والأنظمة والإجراءات.

6- التغيير في الميول والرغبات والهويات.

7- التغيير في المهارات والقدرات.

8- التغيير في الإمكانات المادية والمعنوية.

9- التغيير في المسؤوليات والصلاحيات.

3- مستلزمات التغيير:

للعملية التغييرية مستلزمات ينبغي توفرها حتى يتمكن قادة التغيير من تحقيق أهدافهم، ومن ابرز هذه المستلزمات ما يلي:

- السلطة: وذلك ليكون التغيير شرعيا وقانونيا، علما بان السلطة يمكن أن تتحصل بالإقناع أو بالانتزاع، والإقناع قد يكون بالحجة والبرهان، وقد يكون بتبيان الخسائر التي ستلحق بصاحب السلطة إذا لم يغيير.
- الألم: وهو الشعور بان الواقع مؤلم جدا، فإذا لم يشعر المغيرون بمرارة الواقع فان حماسهم تجاه التغيير يكون فاترا.
- الرؤية: بان يكون لقادة التغيير تصور واضح للمستقبل المنشود.
- النظرة المستقبلية: وذلك بان يكون لقادة التغيير فهم وإدراك ووضوح للآثار المستقبلية لعملية التغيير.
- الموارد: إن التنفيذ الناجح للتغيير يحتاج إلى موارد وإمكانات مادية وبشرية.
- الحساسية: وهي تفهم المشاعر التي ستنتج لدى المؤيدين والمعارضين والتعاطف معها.
- الحجم: وهو الإدراك الدقيق لحجم المجموعة التي ستتأثر بعملية التغيير.
- مشاركة الجمهور: وهي الرغبة والقدرة على إيجاد التعاطف الجماهيري اللازم في اتجاه التغيير.
- المشاركة الخاصة: وهي الرغبة والقدرة على الالتقاء بالأشخاص المؤثرين الذين لديهم القدرة على دعم أو إعادة التغيير.
- الترغيب والترهيب: وهو الاستعداد والقدرة على تحفيز المتفاعلين مع التغيير ومكافأتهم، وكذلك القدرة على تهديد المقاومين للتغيير ومعاقبتهم.

- مراقبة الخطط: وهو الالتزام بمراقبة الأداء أثناء عملية التغيير وتحديد المشكلات والسعي لحلها.

- التضحية: وهو الاستعداد لتحمل تبعات عملية التغيير ودفع ضريبتها.

- الإصرار: وهو الاستمرار في عملية التغيير وعدم التردد أو التراجع.

4- مداخل التغيير:

لقد أصبح التغيير بشكل عام عنصرا أساسيا لكل جانب من جوانب حياة الأفراد والمؤسسات على حد سواء، يتم تنفيذه من أجل التفاعل مع كل متغير من متغيرات الحياة، واغتنام الفرصة المتاحة لمواجهة احتياجات العصر ـ المتجددة، والاستجابة للتغيرات التقنية والمنافسة المتزايدة في بيئة العمل، وبهذا تعتبر عملية التغيير من العمليات التي تشكل شريان التجديد، وتمثل أهم مظاهر التوجه نحو وضع إداري أفضل، يحسن استغلال جميع الإمكانات والموارد المتاحة والممكنة لتحقيق الكفاءة المناسبة للقادة الإداريين وعلى كافة المستويات. وحتى نتمكن من إدخال التغيير يمكن ولوج المداخل التالية:

أ. المداخل الإنسانية:

تفترض هذه المداخل أن البشر هم مفتاح أو مدخل التغيير، والبشر ـ عنصر ـ حيوي لنجاح المنظمة، حيث يتعين تأليف أهدافهم مع أهداف المنظمة.

ب. التخطيط الاستراتيجي:

إن التغيير طويل الأجل يقوم على فهم عميق لتأثير التغيير على كل سمات وعناصر النظام، ويتطلب هذا رؤية مستقبلية وخطة إستراتيجية قوية.

ج. المداخل السياسية:

تنبـع أهميـة هـذه المـداخل عنـدما تكـون طرفـا قـادرا عـلى تغيير الوضـع الحـالي، كتخصيص أو توزيع الموارد أو إعادة صياغة الهياكـل أو العمليـات، أو نظم الاختيـار والترقيـة والحفز، أو على تغيير هيكل المنظمة وعملية صنع القرار.

د. الرؤى، القيم، الثقافة:

تركز الرؤية عـلى المسـتقبل والغايـة أو وسـائل بلـوغ الغايـة، وقـد يحتـاج التغيير إلى تغييرات في ثقافة المؤسسة أو قيمها، بحيث تكون الإدارة والعاملين أكثر استعدادا للمشاركة في إحداث التغيير.

5. خطوات إجراء التغيير

إحداث التغيير لا يتم بشكل ارتجالي، فلا بد من تخطيط له يساعد على تقدم وتطبيق التغيير وذلك حسب الخطوات التالية:

- الإعداد: ويتضمن تجهيـز المـوظفين باطلاعهم عـلى مـا سـوف يجـري قبـل حدوثـه، ووصف عملية التغيير بأقصى ـ درجـة مـن الكـمال، وتقيـيم مـدى جاهزيـة الفريق للتغيير.

- التخطيط: حيث يتم العمل عـلى تجهيـز الخطـط ومعرفة تأثير التغيير عـلى الأداء، وتشجيع الموظفين بإبداء آرائهم، ووضع التوقعـات حـول الاحتياجـات مـن المهـارات والمعرفة، وإعداد جدول زمني للأهداف لقياس مدى التقدم في كل فترة زمنية.

- **الهياكل الانتقالية:** وهي عبارة عن أنشطة خاصة تتضمن تشكيل مجموعة إدارية للمرحلة الانتقالية بحيث تشرف على عملية التغيير، ووضع سياسات وإجراءات مؤقتة لمرحلة التغيير، وإيجاد قنوات اتصال جديدة.

- **التطبيق:** ويتم عن طريق توفير تدريب مناسب في مجال المهارات والقيم والسلوكيات الجديدة، وتكثيف المعلومات الراجعة ليعرف الموظفون أين يقفون بالضبط، وفتح هامشٍ للمقاومة ومساعدتهم على التحرر من آثار الماضي، ومراقبة مجريات عملية التحول، وإجراء مسوحات للتعرف على كيفية التجاوب مع عملية التغيير.

6. أهمية التغيير:

يعتبر التغيير شديد الأهمية، فهو ظاهرة إنسانية تربوية اقتصادية اجتماعية سياسية مركبة تتعدى أهميتها، وتتجاوز حدود ما يحققه في الحاضر، وتمتد إلى المستقبل، وتنحصر أهمية التغيير في الشكل التالي.

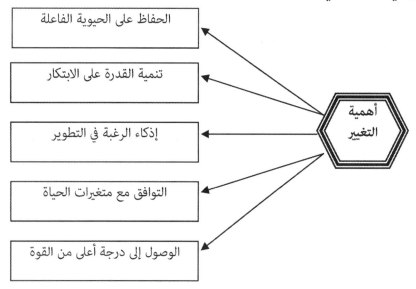

شكل (4)
أهمية التغيير

79

يظهر الشكل (4) أن أهمية التغيير تتمثل في الجوانب التالية:

الجانب الأول: الحفاظ على الحيوية الفاعلة:

يعمل التغيير على تجديد الحيوية داخل المؤسسات والمنظمات والدول، فالتغيير يؤدي إلى انتعاش الآمال، وإلى تحريك الثوابت، والى سيادة روح من التفاؤل.

الجانب الثاني: تنمية القدرة على الابتكار:

التغيير يحتاج دائما إلى جهد للتعامل معه سواء التعامل الإيجابي بالتكيف، أو التعامل السلبي بالرفض، وكلا النوعين من التعامل يتطلب إيجاد وسائل وأدوات وطرق مبتكرة، فينمي التغيير القدرة على الابتكار في الأساليب والشكل والمضمون.

الجانب الثالث: إزكاء الرغبة في التطوير والتحسين والارتقاء:

يعمل التغيير على تفجير المطالب وإزكاء الرغبات وتنمية الدافع والحافز نحو الارتقاء والتقدم، وما يستدعيه ذلك من تطوير وتحسين متلازمين في كل المجالات.

الجانب الرابع: التوافق مع متغيرات الحياة:

حيث يعمل التغيير على زيادة القدرة على التكيف والتوافق مع متغيرات الحياة، ومع ما يواجه المؤسسات والشركات والدول والأفراد من ظروف مختلفة، ومواقف غير ثابتة.

الجانب الخامس: الوصول إلى درجة أعلى من القوة في الأداء والممارسة:

يعمل التغيير على الوصول إلى درجة أفضل من القوة في الأداء التنفيذي والممارسة التشغيلية وذلك من خلال محورين هما:

أولا: اكتشاف نقاط ومجالات الضعف والثغرات التي أدت إلى انخفاض الأداء.

ثانيا: معرفة مجالات القوة وتأكيدها.

7- أهداف التغيير

وتظهر أهمية التغيير من خلال سعيه لتحقيق أهداف متعددة، ويمكن القول إن الهدف النهائي من التغيير تحسين قدرة المنظمة على تحقيق أهدافها بكفاءة، ويمكن إدراج الأهداف التالية:

- تحقيق التوازن بين المنظمة والبيئة التي تعيش فيها: وذلك لأن التغيير يزيد قدرة المنظمة على التأقلم مع التغييرات في البيئة مما يساعدها على البقاء والتطور.
- العمل على إيجاد نظام حيوي في المنظمة أو نقل المنظمة من النظام الميكانيكي القائم على تركيز السلطة وعدم المشاركة في اتخاذ القرارات والذي يكثر فيه إجراءات العمل وقواعده واستخدام منهج المكافأة والعقاب إلى نظام حيوي قائم على لا مركزية السلطة والمشاركة في اتخاذ القرارات وانسياب الاتصالات وتبادلها في جميع الاتجاهات، ودفع الأفراد للعمل باستخدام نظام حوافز يركز على المؤثرات الإيجابية وليس العقاب، ويشجع الرقابة الذاتية.

- تغيير سلوكيات الأفراد العاملين بالمنظمة لتنسجم مع التغييرات التي حدثت في الظروف المحيطة بالمنظمة.
- تقوية العلاقات والترابط والتعاون بين أفراد المنظمة.
- إدخال التقنية الحديثة في النظام التكنولوجي للمنظمة بطريقة سليمة يقبلها الأفراد.
- تطوير إجراءات العمل في المنظمة بشكل يساعد على تبسيطها وأدائها في أقل وقت ممكن.
- تغيير الأنماط القيادية في المنظمة من أنماط بيروقراطية إلى أنماط مهتمة بالعاملين وبمشاركة العاملين في اتخاذ القرارات.
- خلق مناخ يتصف بالديمقراطية والمشاركة والانفتاح لحل المشكلات التي تعترض الأفراد أو الجماعات أو الإدارة أو أساليب العمل.
- زيادة فهم عمليات الاتصال والأساليب القيادية والصراعات والأسباب التي تؤدي لها.
- الكشف عن الصراع بهدف إدارته وتوجيهه بشكل يخدم المنظمة .
- وضع الأفراد في مواقف تساعدهم على التعلم عن طريق الفعل، وتوفير المعلومات لهم.
- استخدام أداء الفريق لدفع التغيير.

8- خصائص إدارة التغيير:

تتصف إدارة التغيير بعدة خصائص هامة، يظهرها الشكل التالي:

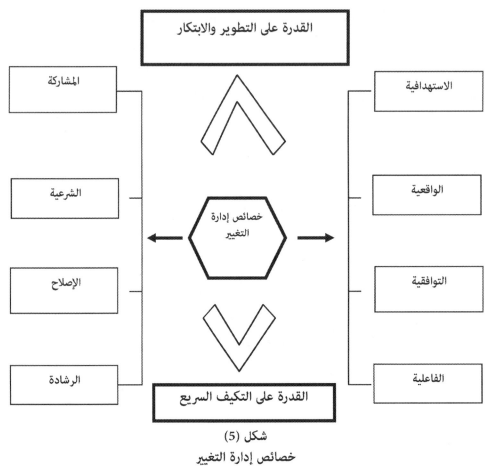

شكل (5)

خصائص إدارة التغيير

أولا: الاستهدافية:

التغيير حركة تفاعل ذكي لا يحدث عشوائيا وارتجاليا، بـل يـتم في إطار حركـة منظمـة تتجه إلى غاية مرجوة وأهداف محددة.

ثانيا: الواقعية:

يجب أن ترتبط إدارة التغيير بالواقع العملي الـذي تعيشـه المؤسسـة، وأن يـتم في إطار إمكانياتها ومواردها وظروفها التي تمر بها حتى يمكن تنفيذه بسهولة ويسر.

83

ثالثا: التوافقية:

يجب أن يكون هناك قدر مناسب من التوافق بين عملية التغيير وبين رغبات واحتياجات وتطلعات القوى المختلفة لعملية التغيير.

رابعا: الفاعلية:

يتعين أن تكون إدارة التغيير فعالة، أي تملك القدرة على الحركة بحرية مناسبة وتملك القدرة على التأثير على الآخرين.

خامسا: المشاركة:

تحتاج إدارة التغيير إلى التفاعل الإيجابي، والسبيل الوحيد لتحقيق هذا التفاعل الإيجابي هو المشاركة الواعية للقوى صاحبة المصلحة في التغيير مع قادة التغيير.

سادسا: الشرعية:

يجب أن يتم التغيير في إطار الشرعية القانونية والأخلاقية في آن واحد، وإذا كان القانون القائم يتعارض مع اتجاهات التغيير فإنه يتعين أولا تعديل وتغيير القانون قبل إجراء التغيير للحفاظ على الشرعية القانونية، وفي الوقت ذاته حرمان القوى المعارضة للتغيير من سند قوي تستخدمه في مقاومة قوى التغيير.

سابعا: الإصلاح:

حتى تنجح إدارة التغيير يجب أن تتصف بالإصلاح، بمعنى أنها يجب أن تسعى نحو إصلاح ما هو قائم من عيوب، وسد ما في المجتمع من نقائص.

ثامنا: الرشادة:

الرشادة هي صفة لازمة لكل عمل إداري، وبصفة خاصة في إدارة التغيير، حيث يجب أن يخضع كل قرار وكل تصرف لاعتبارات التكلفة والعائد، فليس من المعقول أن يحدث التغيير خسائر ضخمة يصعب تغطيتها بعائد يقل عن هذه الخسائر.

تاسعا: القدرة على التطوير والابتكار:

يتعين أن يعمل التغيير على إيجاد قدرات تطويرية أفضل مما هو قائم أو معروف أو مستخدم حاليا، والتغيير يعني الأفضل والأصلح والأجود ولا يعني أبدا التدهور والانحلال.

عاشرا: القدرة على التكيف السريع مع الأحداث:

وهي خاصية هامة لإدارة التغيير، فالأحداث السريعة التي تجتاح الكيان الإداري، فإذا لم تستطع القوى القائمة التكيف معها وامتصاص آثارها، فسرعان ما تتحول هذه القوى إلى الصدام.

9- أنواع التغيير

تتعدد أنواع التغيير وتختلف باختلاف الأساس الذي ننظر منه إليه، ويتعين على متخذ القرار الإداري أن يحدد نوع التغيير الذي يسعى إلى تحقيقه أو إلى إحداثه حتى يستخدم الأدوات المناسبة لتحقيقه وتتعدد أنواع التغيير كما يوضحه الشكل (5).

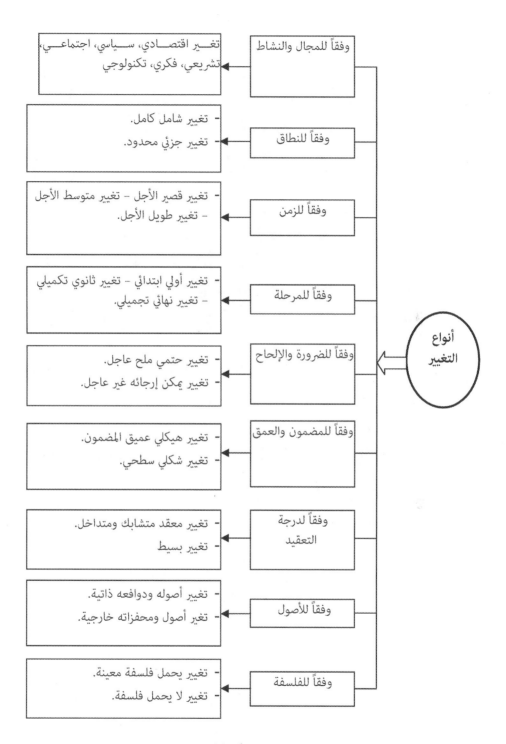

أنواع التغيير
وفقاً للمجال والنشاط
تغير اقتصادي، سياسي، اجتماعي، تشريعي، فكري، تكنولوجي
وفقاً للنطاق
- تغيير شامل كامل.
- تغيير جزئي محدود.
وفقاً للزمن
- تغيير قصير الأجل - تغيير متوسط الأجل - تغيير طويل الأجل.
وفقاً للمرحلة
- تغيير أولي ابتدائي - تغيير ثانوي تكميلي - تغيير نهائي تجميلي.
وفقاً للضرورة والإلحاح
- تغيير حتمي ملح عاجل.
- تغيير يمكن إرجائه غير عاجل.
وفقاً للمضمون والعمق
- تغيير هيكلي عميق المضمون.
- تغيير شكلي سطحي.
وفقاً لدرجة التعقيد
- تغيير معقد متشابك ومتداخل.
- تغيير بسيط
وفقاً للأصول
- تغيير أصوله ودوافعه ذاتية.
- تغير أصول ومحفزاته خارجية.
وفقاً للفلسفة
- تغيير يحمل فلسفة معينة.
- تغيير لا يحمل فلسفة.

شكل(6)

أنواع التغيير(الخضيري،2003)

يمكن تصنيف أنواع التغيير من كما يلي:

أولا: تصنيف أنواع التغيير وفقا للمجال أو النشاط المستهدف تغييره:

يهتم بالمجال أو النشاط الذي يستهدفه التغيير وتقسم هـذه المجـالات إلى: اقتصـادي، اجتماعي، سياسي، تشريعي، تكنولوجي، فكري، ثقافي.

ثانيا: تصنيف أنواع التغيير وفقا للنطاق أو المدى الـذي يحتويـه التغيير ووفقـا لهـذا الأسـاس يقسم التغيير إلى نوعين هما:

- تغيير شامل ومتكامل وواسع النطاق.

- تغيير جزئي قطاعي فرعي محدد.

ثالثا: تصنيف التغيير وفقا للزمن:

ويقسم إلى الأنواع التالية:

- تغيير سريع قصير الأجل: وهو تغيير تكتيكي يرتبط بالموقف اللحظـي الـذي يواجهـه متخـذ القرار.

- تغيير متوسط الأجل: وهو يرتبط بالسياسات الخاصة بالكيان الإداري.

- تغيير طويل الأجل: يمتد تنفيذه لعقدين من الزمن ويتصل باستراتيجيات الكيان الإداري.

رابعا: تصنيف أنواع التغيير وفقا للمرحلة التي يتم تنفيذه فيها:

يقسم التغيير إلى ثلاثة مراحل وهي:

- تغييرات أولية ابتدائية تمهيدية.

- تغييرات ثانوية تكميلية بنائية.

- تغيير علاجي نهائي.

خامسا: تصنيف التغيير وفقا لدرجة الضرورة والإلحاح:

ويقسم إلى الأنواع التالية:

- تغيير حتمي ملح عاجل: وهو تغيير لا يمكن وقفه، وتطالب به كافة القوى في المجتمع.
- تغيير يمكن إرجاؤه مرحليا والتغاضي عنه وقتيا وهو يرتبط بالظروف المناسبة التي يتعين توفيرها قبل إحداثه.

سادسا: التغيير وفقا للمضمون والعمق الذي يستهدف تحقيقه ويقسم إلى:

- تغيير هيكلي أساسي رئيسي عميق المضمون وهو ينفذ إلى الجذور والقواعد الأساسية للكيان الإداري.
- تغيير شكلي سطحي غير عميق وهو تغيير وقتي ظرفي يتطلبه حدث أو ظرف معين.

سابعا: تصنيف أنواع التغيير وفقا لدرجة التعقيد والتشابك ويقسم إلى:

- تغيير معقد متشابك وهو تغيير عوامل متداخلة.
- تغيير بسيط غير معقد وهو يرتبط بعامل واحد أو عوامل محددة لا تزيد عن ثلاثة.

ثامنا: تصنيف أنواع التغيير وفقا للأصول المرجعية:

ويتعرف هذا الأساس على منشأ التغيير ومصدر بواعثه ويقسم إلى:

- تغيير أصول ودوافعه ذاتية حيث يستمد دوافعه من عوامل داخلية ذاتية خاصة بالكيان الإداري.

- تغيير أصوله ومحفزاته خارجية وهو يستمد بواعثه من خارج الكيان الإداري.

ويذكر الحلواني تصنيف آخر للتغير حسب طبيعته ويقسم إلى:

- التغيير المادي: ويقصد به التغيير التكنولوجي كتغيير الأجهزة والمعدات والأدوات التي تساعد الإدارة على تحقيق أهدافها.

- التغيير المعنوي: ويهتم بتغيير سلوك الأفراد العاملين الاجتماعي والنفسيـ إضافة إلى تغيير طرائق أداء العمل التقليدية.

ويشير لويس وكوز (Louis & Kuse) أن التغيير يتم ضمن ثلاثة أطر:

- داخل المنظمة.
- على مستوى المنظمة.
- خارج المنظمة.

ما هو داخل المنظمة يتعلق بالقوى البشرية وصفاتها، أما على مستوى المنظمة فيتعلق بالموارد والحوافز والأولويات مما يعيد للمنظمة ثقافتها والمفاهيم التي تتكون منها ويعيد العمل التشاركي الذي يعتمد على مجموعة من الأنشطة والبنى التنظيمية ونواة مشتركة من القيم والمعايير.

أما ما هو خارج المنظمة فيتعلق بالإدارات على المستوى الوظيفي من جهة وبالثقافة السائدة من جهة أخرى.

ولإحداث عملية التغيير لا بد من اللجوء إلى واحدة أو أكثر من العمليات الآتية:

- الاستبدال: وتقوم على استبدال عنصر في النظام التعليمي بعنصر آخر.

- التعديل: ويقوم على تغيير في البنى القائمة بدلا من استبدال عناصر من النظام بعناصر أخرى.

- الإضافة: إضافة بعض العناصر أو البنى دون إحداث التغيير.

- وضع بنية جديدة: يقوم هذا التدبير على إعادة تنظيم مكان العمل، إحداث تغييرات فيه، أو إعادة النظر في العلاقات البشرية.

- إلغاء السلوك القديم: بالعمل على الحد من الشكوك والعداء المتبادل في العلاقات البشرية.

- تدعيم السلوك القديم: عندما يقصد نقل المعارف أو تبني المعلومات التي تعزز الممارسات القائمة وتقويمها.

10- مراحل التغيير

ولا يمكن إحداث التغيير دفعة واحدة، وذلك لضمان نجاحه، وقبوله لدى العاملين والمجتمع، فتمر عملية التغيير بثلاث مراحل أساسية كما يلي:

أولا: مرحلة الإذابة:

وتهدف هذه المرحلة إلى إثارة ذهن المديرين وأعضاء المنظمة من عاملين إلى ضرورة الحاجة إلى التغيير. ولا يمكن للمنظمة أن تقوم بذلك ما لم تقم بتهيئة الأفراد والمديرين، وذلك بتحريرهم من قيود الممارسات والأنظمة الموجودة فعلا، وهو ما يطلق عليه بالإذابة، حيث إنها تركز على فك ارتباط المديرين

والعاملين بالأنظمة والهياكل والممارسات الموجودة فعلا، وتحريرهم منها حتى يمكنهم الانطلاق إلى قيم وأفكار وأنظمة وممارسات جديدة.

ثانيا: مرحلة التغيير:

عندما يصبح المديرون والعاملون متحررين من الأنظمة البالية وربما ناقمين عليها، يأتي دور التدخل، ويعني هذا أن يقوم القائمون على التطوير والتغيير بالتدخل في القيم والأنظمة والأساليب والإجراءات والممارسات السلوكية المتبعة في العمل.

ثالثا: مرحلة التجميد:

عندما يتم التوصل إلى نتائج جديدة، والتي تعني أنظمة وممارسات وسلوك جديد، يحتاج الأمر إلى تثبيت وتقوية والمحافظة على ما تم تحقيقه، وهو ما يطلق عليه بالتجميد، ويتم ذلك من خلال الاستمرار في عملية التغيير. وبناء أنظمة حوافز تشجع الأفراد على المحافظة على عملية التطوير، وتكريم الأفراد المساهمين في ذلك، وإنشاء أنظمة للاقتراحات لتشجيع المناقشات والاجتماعات الخاصة بحل مشاكل التغيير.

وذكر الحمادي (1999) المراحل التفصيلية التالية التي تمر بها عملية التغيير:

1- الشعور بالألم: حيث تبدأ عملية التغيير بشعور الأفراد بألم نتيجة لإخفاقات أو ضياع فرص أو سوء معاملة أو فشل في تحقيق الأهداف.

2- التنبؤ بالمشكلة أو الشعور بها: بعد أن يشعر الأفراد بالألم نتيجة لأخفاق ما، سيتبادر مباشرة إلى أذهانهم ونفوسهم بوجـود مشـكلة وخلـل يلـم سيلم بالمنظمـة في الأجـل القريب أو البعيد.

3- بروز قادة التغيير: لا يمكن للتغيير أن يتم إلا بعد أن يتبناه نفر من الناس ويقودونه إلى النهاية، ويظهر هؤلاء القادة في بداية العملية التغييرية أو ربما يتغير القائد لسبب أو لآخر في بعض مراحل التغيير.

4- تحديد فجوة الأداء: حيث يتم دراسة الفرق بين ما يمكـن للمؤسسـة أن تفعلـه وبـين مـا تفعله حقيقة.

5- دراسة المشكلة وتحليلها: وذلك بدراسة مظاهر المشكلة، وأسبابها الحقيقيـة، وأبعادهـا، والمؤثرين والمتأثرين بها.

6- تحديد أهداف التغيير: إن كل تغيير ليس له أهداف واضحة يعتبر قد ولد ميتا يخشى ـ عليه الضعف أو الفشل .

7- اقتراح المشروع التغييري: بعد تحديد أهداف التغيير لا بـد مـن تحديـد كيفيـة تحقيـق التغيير وهذا يتطلب مشروع تغيير يتناول جوانب العمليـة التغييريـة وأبعادهـا وطرقهـا ووسائلها وإيجابياتها ومتطلباتها، وليس من الضروري أن يكون المشروع كاملا بقدر أن يكون مقنعا وواضحا.

8- المطالبة بالتغيير: بعد وضوح أبعاد التغيير وخاصة لدى القادة، تأتي مرحلـة مهمـة وهي المطالبـة بصورة علنيـة للتغيير، والسعي لإقناع الآخرين بضرـورة التغيـير وشرـحه لهـم. وهـذه المرحلـة المفروض أن تبدأ مع أول مرحلة للتغيير حتى نهايتها.

9- ظهور المؤيدين: كل مشروع تغييري يظهر له مؤيدين، وينبغي لقادة التغيير الاعتناء بهم ومراعاتهم رعاية خاصة، إذ يعتبرون امتداده الإستراتيجي في المستقبل لنجاح عملية التغيير.

10- بروز المقاومة: لكل مشروع مؤيدين وله معارضين أو رافضين، وقد يتسببون في فشل مشروع التغيير، لذا ينبغي التنبه لهم.

11- ترويض المقاومة أو القضاء عليها: وذلك بدراسة عناصر المقاومة، وأسبابها، ودوافعها، وأساليبها، ومن ثم تحديد الوسائل الناجحة لترويضها أو التخلص منها.

12- التبني الجماعي للتغيير: إذ تمت عملية التغيير بصورة متقنة وحسن تصرف، فان المؤيدين سيزيدون وتكون النتيجة أن العملية التغييرية تصبح مطلبا جماعيا بعد ما كانت مطلبا فرديا، ويتحتم على قادة التغيير أن يحسنوا قيادة الجماهير، وأن يمتلكوا مهارة الإقناع والتأثير العاطفي والخطابي.

13- دراسة المشروع التغييري: حيث يتم دراسة المشروع التغييري بصورة جادة مع الاستمرار بتقويمه وسد ثغراته واستكمال نواقصه، ويقوم بذلك القادة ، ويمكن الاستعانة ببعض الخبراء من ذوو الاختصاص.

14- اعتماد التغيير: بعد القيام بالخطوات السابقة من دراسة المشروع واستكمال نواقصه يتم اعتماده ومن ثم الدعوة إلى تطبيقه.

15- التخطيط لتنفيذ التغيير: حيث يتم تهيئة وتوفير متطلبات واحتياجات التغيير مثل: تعيين بعض المسؤولين عن عملية التغيير، وفريق العمل، والعمل على إقناع الآخرين بضرورة التغيير، مع تقديم الدعم المادي والمعنوي، ومن ثم تحديد مراحل التغيير، ومن ثم توضيح رؤية التغيير للأفراد، وإعطائهم الأدوار التي سيقومون بها.

16- تجريب التغيير: يستحسن قبل أجراء التغيير على جميع أجزاء المؤسسة أن يتم تجريبها على بعض أقسامها. وخاصة إذا كان المشروع التغييري كبيرا أو واسعا.

17- تقويم ومعالجة التجربة: وذلك من خلال متابعة التجربة التغييرية، ودراسة نتائجها، والتعرف على ثغراتها، ومن ثم العمل على تحسينها وتطويرها والقضاء على سلبياتها.

18- تعميم التغيير: بعد نجاح التجربة، وتجنب سلبياتها وعلاج المشكلات، يتم بعد ذلك تعميمها على كافة أقسام المؤسسة.

19- تقويم ومعالجة تعميم التغيير: بعد تعميم العملية التغييرية، يتم التأكد من ممارستها بصورة جيدة، والعمل على إزالة جميع العقبات التي تعترضها، وتجدر الإشارة إلى أن نجاح التجربة ضمن نطاق ضيق بالمؤسسة لا يعني بالضرورة نجاح هذا التغيير عند تعميمه على كافة أقسام المؤسسة.

20- الرقابة والتطوير: ينبغي على قائد التغيير أن لا يتوقف عند حد معين، بل يجب أن يقوده التغيير إلى تغيير آخر، فالمعالجة والتطوير والتحسين ممارسات لا يجوز أن تتوقف أبدا، فرب تغيير يفيد اليوم ويضر غدا.

11- استراتيجيات التغيير

وكما أن التغيير يحتاج إلى السير في مراحل لإحداثه وتثبيته، فإنه يحتاج إلى إتباع إستراتيجية تتبناها الإدارة لإدخال التغيير، وهناك عدة استراتيجيات لإجراء التغيير في المنظمة، ومن هذه الاستراتيجيات:

1. استخدام السلطة الفردية: وهذه الإستراتيجية قائمة على إدخال التغيير في المنظمة بقرار من الإدارة العليا، ويمكن أن يتم ذلك بعدة أساليب وهي:

أ. تتخذ الإدارة العليا قرارات التغيير وتضع خطة التغيير وتحدد كيفية تنفيذها من خلال سلطاتها الرسمية وبقرارات إدارية تطلب من العاملين في المنظمة تنفيذ خطة التغيير في مجالات عمل العاملين.

ب. تقوم الإدارة العليا باستبدال الأفراد ذوي المراكز الحساسة والمطلوب إدخال تغيير في إداراتهم بأفراد ذوي أفكار جديدة وقدرات ابتكاريه أفضل، حيث إن تغيير الأفراد يعمل على التغيير للأصلح في المنظمة، وقد يرتبط تغيير هؤلاء الأفراد بأفراد جدد يطلب منهم بموجب قرارات صادرة من الإدارة العليا تنفيذ خطة موضوعية للتغيير بواسطة الإدارة.

ج. إعادة تصميم هيكل المنظمة وتحديد علاقات جديدة بين الأقسام فمن المتوقع أن يعمل التصميم الجديد لهيكل المنظمة على إدخال التغيير فيها.

ويلاحظ أنه في هذه الإستراتيجية لا يتم مشاركة العاملين في اتخاذ قرارات التغيير والتخطيط له، كما أن معلوماتهم عن مبررات التغيير، وكيفية تنفيذه قد تكون محدودة، وقناعتهم بالتغيير في الغالب تكون كذلك. ولذلك غالبا ما يظهر

عند استخدام هذه الإستراتيجية مقاومة شديدة من العاملين للتغيير، وربما تؤدي هذه الإستراتيجية إلى إفشال إدخال التغيير في المنظمة.

2. إستراتيجية مشاركة العاملين في التغيير: وفي هذه الإستراتيجية قد تنشأ فكرة التغيير لدى الإدارة أو العاملين أو الجهاز المسؤول عن التطوير والابتكار، وتقوم الإدارة بإشراك العاملين أو ممثلين عنهم في جميع مراحل التغيير سواء مرحلة دراسة فكرة التغيير، أو مرحلة التخطيط للتغيير، أو مرحلة تنفيذ التغيير، أو مرحلة متابعة التنفيذ ويشترك العاملون في جميع القرارات المتعلقة بالتغيير.

ولا شك أن هذه الإستراتيجية أفضل في إدخال التغيير عن إستراتيجية فرض التغيير بقرار إداري، حيث إن الأفراد يكون لديهم رغبة في إنجاح التغيير كما تقل مقاومة التغيير إلى درجة كبيرة.

12- نظريات التغيير:

لقد قدم الفكر الإنساني النظريات البيولوجية والسياسية والاجتماعية والفلسفية التي، يمكن اعتبارها نظريات في التغيير بشكل عام، ومن أبرز ما يشار إليه:

أولا: نظرية داروين حول صراع البقاء، والبقاء للأصلح، فبغض النظر عن إشكاليات هذه النظرية من الناحية البيولوجية، فإنها قدمت تصورا عن شكل العلاقة التي قد تسود في عالم الإحياء، وقد تم تطويع هذه النظرية على مستوى الفكر الإنساني السياسي والاجتماعي والاقتصادي،

وأصبحت تبدو في كثير من ممارسات البشر على أنها نظرية تحكم عملية التغيير الحضاري داخل كل مجتمع.

ثانيا: النظريات الديالكتيكية: والتي تكللت بمساهمات هيجل وماركس وانجلز، ومفاد هذه النظريات رغم اختلاف الرؤية بالنسبة لكل منها، أن كل ظاهرة هي في حالة حركة دائمة ومستمرة وغير منقطعة، وأن التغيير ينتج عن هذه الحركة الجدلية المستمرة.

ثالثا: النظريات الليبرالية: وتستمد هذه النظريات فحواها من الفلسفة الليبرالية التي تتمحور حول قيمة الحرية باعتبارها القيمة العليا التي يفترض أن تحكم الحياة في المجتمع، سواء كان الحديث عن الحياة السياسية أو الاقتصادية أو الاجتماعية أو غيرها.

ومن خلال عرض نظريات التغيير يمكن أن نتوصل إلى الحقائق التالية:

1. حتمية التغيير: فالإنسان أو المجتمع يملك بذور تغيره في ذاته، ولا بد أن يكون في حركة دائمة تضمن له استمراره وبقاءه أو توازنه.

2. التفاؤلية: التي ترى أن حركة التغيير هي حركة ارتقائية بالضرورة، وأن الإنسان أو المنظمة أو المجتمع ينتقل إذا ترك لحريته عبر سلسلة من المراحل أو الحلقات التطويرية.

3. التدرجية: إن التحرك التلقائي أو الحر لا يحدث تغيرات فجائية، ولا يؤدي إلى قفزات، بل يتم بصورة متدرجة تنتقل بالشخص أو بالمنظمة أو بالمجتمع عبر درجات أو مراحل متناسقة على سلم التطور والارتقاء.

4. الجزئية: بمعنى أن عملية التغيير لا تتم مرة واحدة في جميع الجوانب، بل قد تحدث في جزء هنا أو جزء هناك، وهكذا حتى يشمل التغيير جميع الأجزاء فيحدث الانتقال من مرحلة إلى مرحلة جديدة.

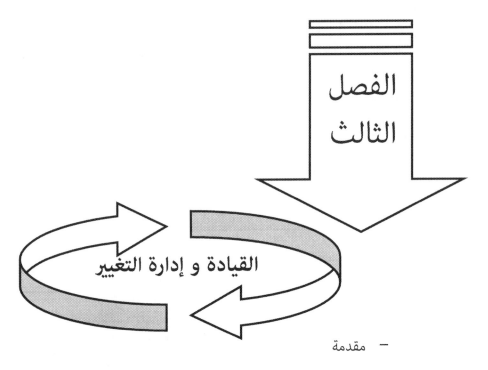

الفصل الثالث

القيادة و إدارة التغيير

- خطوات قيادة التغيير

الفصل الثالث
القيادة وإدارة التغيير

- مقدمة

لكـل تغيير قائد ذو رؤية خاصة، يملك من الصفات ما هو مؤثر عـلى وجـدان الجماهـير المحيطة به وعواطفهم، وهو يملك القدرة على جعل الجماهـير تصغي إليـه، وتعـي مـا يقول وتتقبله، فهو يحرك الجماهير ويوجههم ويقنعهم بتحمل أعباء التغيير المطلوب.

إن مجهودات التغيير الفعال تحتاج إلى سمات معينة يجب توافرها في قادة التغيير، مـن منطلق اتجاهاتهم وسلوكهم تجاه قضايا العمل المختلفة الفني منها والإنساني، فيتم اختيار هـؤلاء القادة بناء على إنجازاتهم الفعلية، وما يعكسه سجل الأداء، وقدرتهم على مواكبة التغيير وإحداثـه بصرف النظر عن الميول الشخصية، وعدم التأثر باعتقـادات البعض في المنهج التقليـدي لاختيار العناصر البشرية، كما هو متبع في النظام البيروقراطي أو السياسي أو الفني بل إتباع نظام معين له سماته الخاصة من أجل "إدارة التغيير".

فلم يعد النمط الإداري التقليدي بقادر على مواجهة المعوقات والمشكلات الناجمة عن قضايا التغيير وتذليلها، وهنا يظهـر الحاجـة إلى الأنمـاط والمـداخل الإداريـة الحديثـة كضرورة حتمية وحيوية من أجل حسن معالجة التعامل مع مشكلات التغيير وفاعليتها.

فربما تتطلب قيادة الأفراد خلال فترات تغيير السلوك الجوهري شجاعة أكثر، فينبغي أن يتقدم القادة الصفوف، ويوضحوا الطريق، فإن مقولة "التغيير هو ما يصنعه التغيير" دائما تطبق على القادة.

إن تولي دفة القيادة أثناء التغيير ليس أمرا يسيرا، فهناك حاجة إلى مهارات إدارية مختلفة، لأن السيطرة المركزية تقل، وتتزايد مسؤوليات المديرين، ولا بد للمدير النشط كي يحقق النجاح في هذه الظروف أن يبذل جهودا إضافية، الأمر الذي يتطلب من القائد ما يلي:

- فهم وصياغة رؤية حول وجهة سير المجموعة.
- إشراك الآخرين في هذه الرؤية.
- إيجاد بيئة يشعر فيها الموظفون بشعور من يعمل على تجسيد الرؤية وتحويلها إلى واقع.

ويؤكد فولمر (Fulmer) على أهمية القيادة المؤهلة في تعزيز عملية إيجاد مناخ من الدعم النفسي للتغيير، حيث إن القائد الناجح يقدم ويعرض التغيير لا على أساس أنه مطلب شخصي وإنما مطلب تقتضيه الظروف الموضوعية للموقف مما يقلل من مقاومة التغيير.

فالقائد القادر على إحداث التغيير هو الذي يضع نصب عينيه كل ما من شأنه المساهمة في الوصول إلى الهدف المنشود مع ربط الخطط بالنتائج، والحرص على الجدولة الزمنية القائمة بصرف النظر عن حجم ومجال وطبيعة وتفاصيل العمل.

ويعمل القائد الناجح على تشجيع الموظفين لأن يكونوا أعضاء منتجين مخلصين في عملهم، متطورين في معلوماتهم، ومستقلين في شخصياتهم، ويدرك أن قوته الإدارية هي من قوة الموظفين في المؤسسة، ولا يمكن أن يكون قويا إلا إذا دعمهم واحترمهم واعترف بكفاءاتهم وشاركهم الرؤية في تطوير المؤسسة، وصناعة القرار، بحيث تتسلسل عملية اتخاذ القرار من أسفل الهرم إلى قمته.

فالقائد لا يتفرد بصنع القرارات وخاصة تلك المتعلقة بالشؤون التطويرية، ولا يستأثر في تطبيقها ليعرضها على الآخرين عنوة واقتدار، إذ أن المؤسسة في هذا العصر ـ التقني وثورة المعلومات أصبحت من التعقيد بحيث لا يستطيع فرد بعينه أن يقوم باتخاذ جميع القرارات، أو يطبقها وحده دون التعاون أو التشاور مع الآخرين.

ومن المعروف أن مشاركة المدير للموظفين في اتخاذ القرارات الإدارية والتطويرية هي من سمات النظام المتطور الذي تتحول فيه المؤسسة من نظام "ديكتاتوري" إلى نظام "ديمقراطي" يعمل فيه الجميع كخلية واحدة، ويسهم فيه الجميع كجسد واحد، بحيث يحترم رأي كل فرد، ويستفاد من معلومات كل فرد وتخصصه وكفاءاته، ناهيك عما في مشاركة القرار من إلغاء للقرارات الفردية التي تتخذ بطريقة استبدادية تعسفية واستبدالها بقرارات جماعية ناضجة واعية تخدم مصلحة المؤسسة بعامة لا مصلحة فرد بعينه، كما تعمل هذه القرارات على تطوير المؤسسة وإحداث التغيير فيها بالشكل الصحيح.

فالعملية الإدارية ليست مجرد تسيير الأعمال أو ممارسة الرئاسة، بل هي عملية قيادة بالدرجة الأولى، فالسلطة الإدارية وحدها قد ترغم العاملين على الطاعة، ولكنها لا تلهمهم ولا تحفزهم، ولا تبعث فيهم الحماس والانتماء والإبداع والتفاني، كما أن الإدارة هي ممارسة أخلاقية تلتزم بمجموعة من القيم والفضائل التي لا يمكن الاستغناء عنها أو التفريط بها.

وتحتاج قيادة التغيير إلى توفر درجة عالية من المرونة، فالقائد ذو المرونة المنخفضة يتصف بصفات تختلف عن صفات القائد ذي المرونة العالية، أهمها عدم القدرة على تحمل المواقف الغامضة، منغلق الذهن ويميل إلى وضع قيود، ومن هنا فإن إدارة التغيير ترتكز على عنصرين أساسيين، الأول: إدراك القائد لردود الفعل للتغيير لدى الموظفين، والثاني: مرونة القائد التي تمكنه من التكيف مع متطلبات التغيير.

وقد أشار هوي ومسكل (Hoy and Miskel) إلى تطوير دور القائد واتساع مجالات عمله إلى الدور الذي يستوجب امتلاكه للمهارات القيادية القادرة على التغيير الأفضل ودفع عجلة المنظمة بعوامل التقدم وبث عوامل الإبداع والتجديد والتغيير لضمان ديناميكية المنظمة من خلال مشاركة كافة المستويات الإدارية المختلفة، وإشراكها باتخاذ القرارات، وذلك لتحقيق التغيير المناسب، وأن تكون المنظمة لديها الاستعداد لتقبل التجديد.

- صفات قائد التغيير

لقائد التغيير صفات خاصة ومتكاملة حتى يستطيع أن يدير عملية التغيير، وأن يحقق من خلالها أهدافه وطموحاته، فقائد التغيير يتمتع بالمواصفات الآتية:

1. الحساسية نحو الأهداف والمطالب القومية، ويتطلب ذلك فهم مشكلات المجتمع، والوعي بمسؤوليات الإدارة على المستويات المحلية والوطنية والعالمية وارتباطها بالقوى السياسية والاقتصادية والاجتماعية المؤثرة في عملية التنمية.

2. القدرة الإبداعية والبحث المستمر عن فرص جديدة لتحقيق أعلى ناتج بأقل قدر من التكلفة، وامتلاك الشخصية الخلاقة الطموحة التي تتعدى حدود المدير التقليدي.

3. فهم أسس العملية الإدارية وأساليبها واكتساب المهارات والاتجاهات الضرورية لقيادة عملية التغيير ومنها التعرف على الحاجات الجديدة وتوفير مصادر الوفاء بها وخلق المناخ الملائم لتقبل التغيير.

4. امتلاك شخصية قيادية بعيدة النظر، قادرة على التأثير في الآخرين وإقناعهم بما يحقق له سهولة تنفيذ الخطط دون مقاومة.

5. المنهج العلمي في حل المشكلات، والحرص على استكمال البيانات الضرورية وتقصي ـ كـل البدائل، والحرص على تحديد أسس الاختيار الموضوعي بينها، وتقدير أهمية التخطيط للتغيير والقدرة على حل المشكلات التي تواجهه بأسلوب خلاق، والإحاطة بإدارة الأزمات.

6. القدرة على تحليل المواقف وتشخيص القوى الدافعة والمعوقة للتغيير، وتقدير وفهم أهمية العلاقات الإنسانية والحساسية الاجتماعية، والقدرة على إدراك مشاعر الآخرين، والاستجابة المناسبة للموقف الاجتماعي والتعمق في فهم دوافع السلوك وديناميات الشخصية.
7. المبادأة وتحمل أعباء القيادة وتبعاتها حسب مقتضيات الموقف.

- خطوات قيادة التغيير

حتى ينجح القائد في قيادة مجموعته لا بد من اتباع الخطوات الآتية لانجاح عملية التغيير:

الخطوة الأولى: إيجاد نظرة مشتركة مع المجموعة

عندما يظهر التغيير فان علينا أن ننتقل من رؤية"ما كامن عليه الأمر" إلى رؤية "ما سيكون عليه"، وبعد أن تجتاز المجموعة مرحلتي الرفض والمقاومة، فمن الشائع أن نرى علوا في الهمة، حين يبدأ الموظفون بإعداد أنفسهم لمواجهة المستقبل، ويمكن لقائد التغيير أن يساعد مجموعته أثناء الفترة الانتقالية؛ كي ترسم لنفسها الوجهة الواضحة التي يحتاج الفريق أن يتقدم نحوها.

اين نحن الأن؟
كيف نصل إلى هناك؟
الرؤية إلى أين نحن ذاهبون؟
الرؤية

شكل(7)
إيجاد الرؤية المشتركة

الخطوة الثانية: دع الفريق يوجد الرؤية

يخصص القائد بعض الوقت لمناقشة المستقبل، ويخطط لاجتماع يركز فيه على المستقبل، فيبادر إلى سؤال مجموعته عن ملاحظاتهم عن مكان العمل، وعن شكل المؤسسة، و أعمال العاملين فيها، وعن مجالات عملهم، ونوعية هذا العمل، وأثناء استطلاعهم لما سيكون عليه حال عملهم في المستقبل، يطلب منهم القائد أن يفكروا في المستقبل، وفي اختلاف الحاضر عن المستقبل وفي التحسينات التي يلحظونها.

الخطوة الثالثة: توضيح القيم ووضع خطة العمل

أن التغيير يعمل على إعادة تشكيل القيم التي يعمل الفريق من خلالها، و أثناء فترة التغيير فان القيم الأساسية قد تتبدل، وعلى القائد أن يوضح القيم السابقة وما كانت عليه، والقيم اللاحقة وما سيؤول إليه الأمر.

يمكن إنجاز خطة للعمل في اجتماع أو سلسلة اجتماعات للعصف الفكري، حيث يشعر الموظفون في مثل هذه الاجتماعات بأن اقتراحاتهم وأفكارهم الجديدة عن سبل انجاز الأهداف المستندة إلى الرؤية الجماعية للمجموعة هي موضع ترحاب، ذلك أن إدخال تقنيات جديدة يجعل هناك حاجة إلى تغييرات تواكب هذه التطورات. كما أن فترة الاستكشاف تتطلب من الموظفين بذل جهود إضافية للتفكير في طرق جديدة لإنجاز الأعمال. وعندما يعمل الفريق بشكل جيد، فانه يمكن أن يفكر بأسلوب جيد، لذا يجب على

المدير أن يركز على طاقة المجموعة وقدرتها على التفكير فيما ينبغي عمله للحصول على نتائج إيجابية.

وعلى حين أن جلسات التخطيط تبدو من وجهة نظر البعض غير فعالة، لكن سرعان ما يدرك القائد أن التخطيط يستحق ما يبذل فيه من وقت، فالموظفون يصبحون أكثر فاعلية ورغبة في المشاركة، وسيجد القائد أنهم يأخذون من أوقاتهم الخاصة محاولين حل الإشكاليات والتحديات التي تواجههم في العمل . وبعد فترة العصف الفكري ينبغي على القائد أن يأخذ مجموعته باتجاه مرحلة جديدة وهي مرحلة اتخاذ القرار، الأمر الذي يعني وضع أهداف محددة، للوصول إلى اتفاق على خطة قادرة على تحقيق الأهداف التي يسعى إليها فريق العمل الواحد، والذي يترتب عليهم الالتزام بأهداف المجموعة الواحدة. وبعد أن يحصل الالتزام بالأهداف الجديدة، فان عليك أن تأخذ ما تحتاج أليه من الوقت، كي تقابل بالعرفان والتقدير لكل مساهمة أسهم بها كل عضو من أعضاء المجموعة.

- الأسس التي يراعيها قائد التغيير:

على القائد أن يراعي الأسس التالية وذلك لضمان نجاح عملية التغيير:

■ مشاركة العاملين في التغيير، وخاصة هؤلاء الذين سينفذون التغيير وإعداد العاملين بمعلومات عن التغيير ونتائج تنفيذه وتطوره.

■ إجراء التغيير في الوقت المناسب.

- ينبغي الإدراك بأنه لا توجد خطة مثالية واحدة لإدخال التغيير في نظام محدد في المنظمة.

- التأكد من توافر الموارد المادية والبشرية والفنية التي تهيئ للتغيير وتخطط له وتعمل على تنفيذه.

- تتغير الماديات بمعدل أسرع من تغيير الأفكار، بمعنى أن الحضارات المختلفة تستقبل صور الإبداع والابتكار المادي الملموس بمعدل أسرع من صور الابتكار والإبداع غير الملموس.

- صوت الفعل أقوى من صوت القول، فيما يتعلق بمجهودات التغيير فلا تأخذ التغييرات مأخذها الطبيعي ولن تصبح فعالة إلا بعد الممارسة العملية والتعود عليها بالفعل.

- وجود سبب وجيه لإجراء التغيير، فلا بد أن يكون هنالك وعي حول السبب الذي يجعل التغيير ضروريا، والتدريب على القيم والمهارات والسلوكيات الجديدة.

- البدء في التغيير بالأماكن المتوقع أن يحقق فيها نجاح اكبر ونتائج إيجابية سريعة، حتى يمكن إعطاء مثال عن نجاح التغيير بما يشجع العاملين في الأقسام الأخرى على قبول التغيير في أقسامهم.

- إيجاد التوازن بين التغيير في النظام الفني والتكنولوجي والتغيير في النظام الإداري.

- أن يسبق إدخال التغيير تحليل للموقف الحالي ومشاكله.

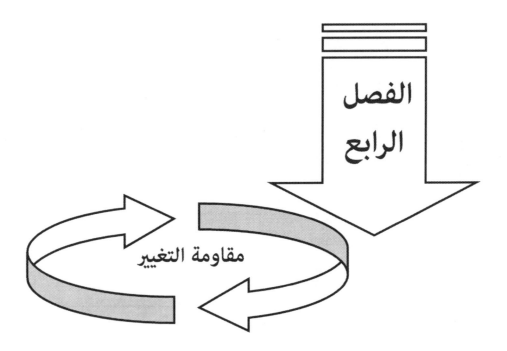

الفصل الرابع

مقاومة التغيير

- مفهوم مقاومة التغيير

- أسباب مقاومة التغيير

- أبعاد مقاومة التغيير

- إيجابيات مقاومة التغيير

- أساليب التغلب على مقاومة التغيير

الفصل الرابع
مقاومـة التغيير

- مفهوم مقاومة التغيير:

إن مقاومة التغيير هي طبيعة الإنسان، فالإنسان غالبا ما يقـاوم تغـير الوضـع الـراهن، وذلك لما يسببه التغيير من قلق وتوتر نفسي للفرد لعدم معرفـة النتـائج المترتبـة عليـه، والتـي عادة ما ينظر إليها على أنها سلبية بالنسبة لـه، وتعـرف مقاومـة التغيـير عـلى أنهـا "اسـتجابة عاطفية سلوكية تجاه خطر حقيقي أو متوقع يهدد أسلوب العمل الحالي".

ويعرف عبوي مقاومة التغيـير بأنهـا امتنـاع الأفـراد عـن التغيـير أو عـدم الامتثـال لـه بالدرجة المناسبة والركون إلى المحافظة على الوضع القائم.

وعرفت الدهان مقاومة التغيير بأنها "ردود فعل سلبية للأفراد تجاه التغييرات التي قد تحصل أو التي حصلت بالفعل في المنظمة لاعتقادهم بتأثيرها السلبي عليهم".

فلا بد أن يلقى أي تغير نوعا من المقاومة، قد تكون مقاومة ظـاهرة وقـد تكـون مستترة، وكل من نوعيها لا يقـل خطـرا عـن الآخـر، المقاومـة العلنيـة الظـاهرة (بالفعـل وبالسلوك) لا بد من محاولة التخفيف من حدتها،

وإلا تحولت إلى انفلات، والمقاومة المستترة (بالامتعاض أو الإحباط) لا بد من إيجاد متنفسات لها كي لا تتحول إلى همهمات وشائعات وتكتلات بين من هم مع وضد عملية التغيير.

فالناس يخشون المجهول إلى حد ما، والتغيير يعني الانتقال من المعلوم إلى المجهول، فلا يمكن أن نكون على يقين أن جهود التغيير سوف تثمر النتائج المخططة بالضبط، فهناك دائما تداعيات غير متوقعة لعمليات التغيير. إذن لماذا التضحية بالمألوف والمريح؟ فكلما قلل القادة من إدراك الأفراد لنتائج التغيير المجهولة وغير المتوقعة انخفضت مقاومة التغيير.

ويعتقد كريتز وكينيكي (Krietner & Kinicki) أن هناك علاقة بين نوع التغيير المطلوب وشدة المقاومة له، فإذا كان التغيير المطلوب مألوفا فإن المقاومة تكون بسيطة، وتزداد شدتها في حالة التغيير الإبداعي، أي إدخال أسلوب جديد في العمل، وتبلغ المقاومة ذروتها عند التغيير الإبداعي الجذري. فأن طبيعة التغيير قد تحدد شكل المقاومة، والتي هي رد فعل طبيعي، وكلما كان التغيير خارجيا كلما قلت مقاومة العاملين له، بمعنى أن التغيير الذي تفرضه جهة رسمية منظمة للعمل (قانون حكومي جديد، أو علاقة مع البيئة، أو عدم توافق مع منظمات البيئة، أو تنظيمات نقابية) يظل أقل عرضة للمقاومة الداخلية.

ويذكر سميث في هذا الإطار أن أكثر الأفراد ما بين 60-80% في أي منظمة ليسوا في فئة المقاومين أو في فئة المناصرين. أنهم فقط قلقون ومترددون

حول ما يحدث في بيئتهم التنظيمية وقد يتحول ترددهم إلى مقاومة عنيدة إذا استمر الخلط بين الظاهرتين، فمهمة القائد هي تحويل التردد إلى مناصرة وليس مقاومة، إن تردد الأفراد نحو التغيير له سبب محدد أو أكثر بحيث يمكن عمل شيء من أجله، فعلى القائد الاستماع لهم، والعمل معهم والاعتماد على أدائهم لكي يعيشوا تجربة التغيير بأنفسهم.

- أسباب مقاومة التغيير:

وتتعدد أسباب مقاومة التغيير، ويمكن ردها إلى ما يلي :

■ التعود: بعض الناس لا يرغبون في التغيير نتيجة التعود على طرق عمل قديمة ومريحة وسهلة.

■ المفاجأة: إذا حدث التغيير فجأة أو كان غير متوقع فإن المقاومة تكون شديدة من جانب الأفراد.

■ سوء الفهم: عندما لا يكون غرض الإدارة واضح من التغيير يؤدي ذلك إلى سوء الفهم لدى الأفراد مما يزيد من مقاومة التغير.

■ فقدان السيطرة على التغيير: عندما يكون الأفراد ليس لديهم السلطة أو القدرة بالمشاركة في التخطيط للتغيير وتنفيذه، فيشعرون بأن نطاق إسهامهم محدود وهم مجرد أداة للتغيير، وهذا يدفعهم إلى مقاومة التغيير والعمل على إفشاله.

- الآثار الجانبية للتغيير: عند إدخال التغيير غالبا ما يحدث تغييرات في نظم أخرى بالمنظمة حتى ينجح التغيير الأساسي، وبعض التغييرات التي تحدث في النظم الأخرى قد لا تكون تحت سيطرة الإدارة.
- عدم اختيار الوقت المناسب للتغيير: إدخال التغيير في وقت يوجد به توتر أو ضغوط عمل أو في حالة وجود صراعات أو خلافات بين الإدارة والعاملين.
- ضغط مجموعات العمل: الأفراد دائما موجودون في مجموعات عمل رسمية أو غير رسمية وهذه المجموعات تلعب دورا أساسيا في دفع أفرادها لقبول أو رفض التغيير حسب نظرة المجموعة وليس الفرد للتغيير.
- تغيير ميزان القوى في المنظمة: حيث أن التغيير قد يترتب عليه زيادة حجم بعض الأقسام وإلغاء بعض الأقسام أو تقليل مسؤولياتها أو دمجها مع أقسام أخرى، وكذلك إنشاء أقسام جديدة.
- الخوف من فقدان بعض العوائد الاقتصادية والاجتماعية: قد يقاوم الأفراد التغيير خوفا من حدوث نقص في الأجور أو بعض الحوافز المادية والمعنوية التي يحصلوا عليها أو خوفا من تخلخل العلاقات الاجتماعية.
- اقتناع الفرد أو البعض أن الوضع الحالي هو أنسب الأوضاع، فالتغيير بالنسبة لهم مضيعة للوقت والجهد والتكلفة.
- عدم القدرة على إدراك نواحي الضعف والقصور في الوضع الحالي.

■ عدم القدرة على إدراك جوانب القوة أو مزايا الوضع الجديد الذي سينجم عن التغيير.

■ وجود نظريات مختلفة عن العالم، وقيم تتعارض مع التغير.

ويصنف شيرميرون (Scharmerhorn) أسباب مقاومة العاملين للتغيير وهي: الخوف من المجهول، وعدم الشعور بالحاجة للتغيير، لأنه يهدد مصالح ومزايا مكتسبة، والحاجة للأمن والاستقرار، والتوقيت السيئ للتغيير، والافتقار للموارد.

- أبعاد مقاومة التغيير

يحدد كل من دفيز ونيوستروم (Davis & Newstrom) الأبعاد التالية لمقاومة التغيير:

1. البعد المنطقي: والذي يعتمد على التحليل والعقلانية والعلم والمعرفة من حيث الوقت المطلوب لعملية التغيير ومدى حاجة العاملين لوقت إضافي لتعلم مهارات جديدة والخوف من احتمالات ظروف غير مرغوب فيها.

2. البعد النفسي: و يعتمد على العواطف والمشاعر والاتجاهات، ويقاوم فيها العامل خوفا من المجهول وعدم الميل نحو التغيير.

3. البعد الاجتماعي: ويعتمد على مصالح وقيم الجماعة والحفاظ على العلاقات الراهنة.

- إيجابيات مقاومة التغيير:

وعلى الرغم من تعدد سلبيات مقاومة التغيير، ففي بعض الحالات تكون لمقاومة التغيير إيجابية، و يمكن ذكر الايجابيات التالية لمقاومة التغيير:

- تلزم المقاومة إدارة التغيير على توضيح أهداف التغيير ووسائله وآثاره بشكل أفضل وبصورة متكاملة.

- تكشف المقاومة نقاط الضعف في عملية معالجة المشكلات واتخاذ القرارات، فهي تفيد إدارة التغيير في اتخاذ القرارات المناسبة.

- إن حالة القلق التي يعاني منها الأفراد العاملون تدفع إدارة المؤسسة إلى تحليل أدق للنتائج المحتملة للتغيير سواء المباشرة أو غير المباشرة.

- المقاومة تـزود الإدارة بالمعلومات حـول حـدة وشدة مشاعـر الأفراد بشأن قضية معينة، كما توفر متنفسا للأفراد للتعبير عـن مشاعرهم، ومـن ثم يشجعهم على التفكير والتحدث عن التغيير بصورة أكبر.

- تكشف المقاومة عن عدم فاعلية عمليات الاتصال.

- تدفع المقاومة إدارة التغيير إلى تحليل أدق للنتائج المحتملة للتغيير سواء المباشرة أو غير المباشرة.

- أساليب التغلب على مقاومة التغيير:

يمكن التغلب على مقاومة التغيير بإتباع الأساليب الآتية:

- التعليم والاتصالات: تستطيع الإدارة أن تعلـم النـاس أهـداف وقواعـد العمليـة مـن خلال المناقشات والعروض للمجموعات والتقارير والمذكرات والمؤتمرات والتدريب.

- المشاركة: من الأهمية أن نسمع من الأفراد عندما نجري عملية التغيير، حيث أن عملية التغيير تشمل كل المستويات، سواء المستويات الدنيا أو العليا، فالمشاركة في اتخاذ القرار تضمن سلامة التنفيذ وعدم مقاومة التغيير.

- الدعم والمساندة: يجب على إدارة التغيير أن تدعم جهود الأفراد بتوفير الإمكانيات والتدريب المستمر لهم وتوفير الموارد التي تحتاجها عملية التغيير.

- مناقشة كيفية التغيير: إن مقاومة التغيير ستقل إذا كان هناك اتفاق على معدل أو طريقة إدخال التغيير، إن مناقشة الطريقة التي يتم بها التغيير تكون فعالة في التقليل من معارضة التغيير.

- استخدام المناسبات لتسهيل التغيير: يستطيع المدير في مناسبات كثيرة أن يشرح أن التغيير سنة التطور، وأن الإنسان يمر بمراحل مختلفة يقبل في الفترة التالية ما لم يكن يقبله في الفترة الأولى وهذه هي سنة التطور.

- تفسير مقاومة التغيير بحيث يخجل المقاوم: عندما يعرف الناس لماذا يقاومون التغيير، فإن مقاومة التغيير تقل أو على الأقل تصبح عملية رشيدة.

ومما سبق يتضح بأن للتغيير أعداء يرفضونه ويتكتلون ضده، ويحاربونه فرادى وجماعات، ويعملون على إفشاله، ليس فقط لمقاومته وعدم وصوله لتحقيق أهدافه، ولكن لتدمير المكاسب التي قد تحصل عليها قوى التغيير من التغيير، وفي واقع الأمر فإن مقاومة التغيير هي دعوة للجمود والتحجر والتخلف والفساد، فإن سيطرة القوى المقاومة للتغيير ونجاحها في فرض الجمود بأساليب القمع والقهر فإنها تدفع إلى التدمير والخراب من أجل الإبقاء على مصالحها واحتفاظها بسيطرتها.

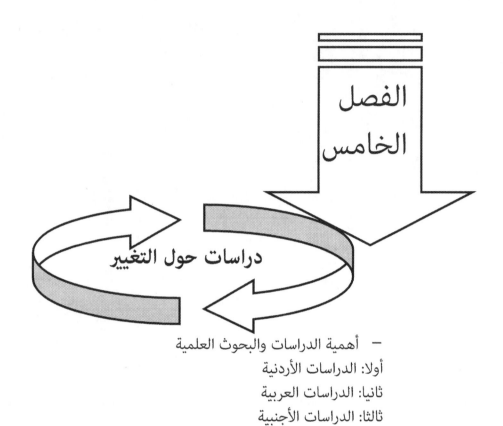

الفصل الخامس

دراسات حول التغيير

– أهمية الدراسات والبحوث العلمية

أولا: الدراسات الأردنية

ثانيا: الدراسات العربية

ثالثا: الدراسات الأجنبية

الفصل الخامس
دراسات حول التغيير

- أهمية الدراسات والبحوث العلمية:

إن الحاجة إلى الدراسات و البحوث و التعلم لهي اليوم اشد منها في أي وقت مضى، فالعلم و العالم في سباق للوصول إلى اكبر قدر ممكن من المعرفة الدقيقة المستمدة من العلوم التي تكفل الرفاهية للإنسان، وتضمن له التفوق على غيره. وإذا كانت الدول المتقدمة تولي اهتماما كبيرا للبحث العلمي فذلك يرجع إلى إنها أدركت أن عظمة الأمم تكمن في قدرات أبنائها العلمية و الفكرية و السلوكية، والبحث العلمي ميدان خصب ودعامة أساسية لاقتصاد الدول وتطورها وبالتالي تحقيق رفاهية شعوبها و المحافظة على مكانتها الدولية.

فموضوع البحث العلمي يقوم أساسا على طلب المعرفة وتقصيها والوصول إليها، فهو في الوقت نفسه يتناول العلوم في مجموعها ويستند إلى أساليب و مناهج في تقصيه لحقائق العلوم. والباحث عندما يتقصى- الحقائق والمعلومات إنما يهدف إلى إحداث إضافات أو تعديلات في ميادين العلوم مما يؤدي إلى تطويرها وتقدمها.

123

تتجلى أهمية البحث العلمي في الحياة الإنسانية، لكون البحث العلمي العامل الأساس في الارتقاء بمستوى الإنسان، وتزداد هذه الأهمية في هذا العصر المتسارع الذي يرفع فيه شعار البقاء للأقوى البقاء للأصلح! فلم يعد البحث العلمي رفاهية أكاديمية تمارسه مجموعة من الباحثين القابعين في أبراج عاجية، إذ أصبح هو المحرك للنظام العالمي الجديد، وأصبح العالم في سباق محموم للوصول إلى أكبر قدر ممكن من التقنية والمعرفة الدقيقة المثمرة التي تكفل الراحة والرفاهية للشعوب. ولا يختلف اثنان في أهمية البحث العلمي لفتح مجالات الإبداع والفن والتميز لدى الأفراد والشعوب في المجتمعات مهما تعددت واختلفت ثقافاتها، كما أن البحث العلمي يعمل على إحياء التراث والأفكار والموضوعات القديمة وتحقيقها تحقيقا علميا دقيقا، وبالتالي تطويرها للوصول إلى اكتشافات ومبتكرات جديدة، فالبحث العلمي يسمح بفهم جديد للماضي في سبيل انطلاقة جديدة للحاضر ورؤيا اشتشرافية للمستقبل. هذا وتبدو أهمية البحث العلمي بشكل أوضح في العالم العربي، لأن البحث العلمي هو الكفيل بتهيئة الوطن العربي، وردم الفجوة العلمية والثقافية بين العالم العربي والعالم المتقدم، والإسهام في تحسين المناخات الإنسانية في هذا الجزء الهام من العالم.

أولا: الدراسات الأردنية:

قام العواملة (1992) بدراسة بعنوان "التغيير والتطوير التنظيمي في أجهزة الإدارة العامة في الأردن"، وقد هدفت هذه الدراسة التعرف على طبيعة

التغيير التنظيمي في أجهزة الإدارة العامة في الأردن، وتحليل ديناميته في ضوء نموذج نظري يبين ظاهرة التطوير كنظام مفتوح، استخدم الباحث وسائل متعددة لجمع البيانات والمعلومات منها الاستبانة والمقابلة، ومن أهم النتائج التي توصلت إليها الدراسة ما يلي:

- على الرغم من وجود اتفاق عام بين المستجيبين حول فهمهم لطبيعة التغيير التنظيمي، إلا أنهم اختلفوا في تعريفاتهم لهذا المفهوم بحيث تراوحت تعريفاتهم بين التخصص الذي يركز على جانب محدد دون غيره وبين الاتساع الذي يعطي التغيير صبغة شمولية عامة.
- إن معظم المستجيبين يرجعون التغييرات التنظيمية إلى أسباب داخلية بالدرجة الأولى، والسبب المباشر حول بعض المشكلات الفردية.
- إن عدم وجود نظام متكامل لتصنيف الوظائف وترتيبها ووصفها بأجهزة الخدمة المدنية، قد أدى الى إحداث نوع من الازدواجية في العمل والتداخل في التخصصات لمتخذي القرارات.

و قام أبو حمدية (1994) بدراسة بعنوان "اتجاهات العاملين نحو التغيير التنظيمي في الشركات الصناعية المساهمة العامة في الأردن". وتهدف هذه الدراسة معرفة مدى تأثير مشاركة العاملين في التغيير التنظيمي على مقاومة العاملين للتغيير التنظيمي، وتحديد السياسات التي تتبعها الشركات الصناعية في التعامل مع مقاومة العاملين للتغيير التنظيمي، والتعرف على سبب التغيير في الشركة ومصدر مقاومة التغيير من وجهة نظر العاملين.

كشفت الدراسة على النتائج الآتية:

- وجود علاقة بين اعتياد العاملين على أعمالهم، والعلاقات الاجتماعية الجيدة بين العاملين، ونظام المعلومات في عملية التغير وبين مقاومة العاملين للتغيير التنظيمي.
- وجود اختلاف في مقاومة العاملين للتغيير وفق العمر وطبيعة العمل الذي يقوم به العاملون.
- أن التغيير التكنولوجي والظروف الاقتصادية هي أهم المصادر الخارجية للتغيير التنظيمي.
- أن الرؤساء هم المقاومون الرئيسيون للتغيير.

و كما قام اللوزي (1998) بدراسة بعنوان "اتجاهات العاملين في المؤسسات الحكومية الأردنية نحو إدارة التغيير" والتي هدفت إلى معرفة اتجاهات العاملين في المؤسسات الحكومية الأردنية بشأن مجالات إدارة التغيير المختلفة وعلاقتها بمتغيرات الجنس والحالة الاجتماعية والمؤهل العلمي والعمر والمسمى الوظيفي والخبرة.

وقد أشارت نتائج الدراسة إلى:

- وجود فروق ذات دلالة إحصائية تعزى إلى متغير الجنس بين اتجاهات العاملين نحو جميع مجالات إدارة التغيير، إذ كانت عند الذكور أعلى منها عند الإناث.

- وجود فروق ذات دلالة إحصائية بين اتجاهات المتزوجين وغير المتزوجين نحو مجال السببية، ولم تظهر هذه الفروق بالنسبة لمجالي التكافؤ والاستدلال.

- وجود فروق لأثر متغير المؤهل العلمي في مستوى اتجاه العاملين نحو مجالات إدارة التغيير باستثناء مجال الاستدلال.

- وجود فروق ذات دلالة إحصائية نحو مجال السببية فقط تعزى إلى متغير المسمى الوظيفي ولصالح المديرين.

وعدم وجود فروق تعزى لمتغيري العمر والخبرة في اتجاهات العاملين نحو إدارة التغيير في جميع المجالات.

وفي دراسة قام بها أبو تايه (2001) بعنوان "العوامل المؤثرة في التكيف مع التغيير في المسار الوظيفي: دراسة تطبيقية على موظفي شركة الاتصالات الأردنية". وتوظف هذه الدراسة نموذج العوامل المؤثرة في التكيف مع التغيير في المسار الوظيفي، إذ تضمنت هذه العوامل المؤثرة التي تم اعتمادها في الدراسة عوامل هيكلية وأخرى سلوكية، ويتكون كلا النوعين من الأبعاد التالية: مستوى الرضا عن العمل، الدافعية نحو العمل، نوعية القيادة والإشراف، الحوافز المرتبطة بالانجاز، نوعية العلاقة بالمنشأة، درجة وضوح المهام، مقدار السلطة والنفوذ، ومقدار التحدي الوظيفي.

وقد أظهرت النتائج ما يلي:

- وجود علاقة مهمة وذات دلالة إحصائية بـين العوامـل الهيكليـة والعوامـل السـلوكية مجتمعه وبين التكيف مع التغيير في المسار الوظيفي، بحيـث فسرت هـذه العوامل مجتمعة ما نسبته (1.7%) من التكيف مع التغيير في المسار الوظيفي.

- عدم وجود علاقة ذات دلالة إحصائية بين العوامل الديموغرافية والتكيف مع التغيير في المسار الوظيفي حتى على مستوى معنوية أقل من (0.10).

وفي دراسة قام بها البلبيسيـ (2002) بعنوان "الأساليب القيادية وإدارة التغيير"، هدفت إلى التعرف على الأساليب القيادية وعلاقتها بإدارة التغيير مـن خـلال التعـرف علـى استراتيجيات التغيير وأهدافه في الشركات المساهمة العامة الأردنيـة، كـما هـدفت إلى التعـرف على طبيعة العلاقة بين هذه الأساليب من جهة وكـل مـن اسـتراتيجيات التغيير وأهدافه مـن جهة أخرى.

وتوصلت الدراسة إلى النتائج التالية:

- تلعب القيادة الإدارية دورا مهما في تحقيق أهداف الشركات، حيث أن اسـتراتيجيات التغيير التي يتبعها المديرون تختلف باختلاف الأساليب القيادية المستخدمة لتحقيق أي تغيـير علـى مسـتوى الشـركات، وأن أهـداف التغيير تتـأثر وتختلـف بـاختلاف الأساليب القيادية أيضا.

128

- رغم الاختلاف الجوهري بين كل أسلوب قيادي وآخر إلا أن هناك تقاربا في الأوساط الحسابية والانحرافات المعيارية، ويمكن تفسير ذلك من خلال الاحتكام على النظرية الموقفية.
- هناك علاقة ذات دلالة إحصائية على أن الأساليب القيادية تختلف من أسلوب لآخر من حيث علاقتها باستراتيجيات التغيير، وكذلك من حيث علاقتها بأهداف التغيير.

وفي دراسة قامت بها عماد الدين (2002) بعنوان "تقويم فاعلية برنامج تطوير الإدارة المدرسية في إعداد مدير المدرسة في الأردن لقيادة التغيير" وقد هدفت هذه الدراسة إلى تقويم فاعلية برنامج "تطوير الإدارة المدرسية" المطبق على عينة من المدارس في الأردن بدءا من العام الدراسي 1995/1994.

وقد توصلت الدراسة إلى النتائج الآتية:

- أشارت هيئة العاملين في مجموعات المدارس التجريبية أن الممارسات المرتبطة بقيادة التغيير بعامة تعكس السلوك الإداري الحقيقي السائد في مدارسهم بدرجة كبيرة فما فوق.
- فيما يتعلق بالأهمية النسبية لأبعاد التغيير، فقد حصل البعد المعني بنمذجة السلوك على المرتبة الأولى من وجهة نظر جميع فئات الدراسة، وهذا مما يدل على اعتباره جوهر قيادة التغيير ومحورها الرئيسي.
- أوضحت الدراسة أبرز نقاط القوة أو الآثار الإيجابية للبرنامج مصنفة وفق مجالات رئيسية، هي: إعداد الخطة التطويرية للمدرسة، وتطوير

العملية التعليمية – التعلمية، وتنظيم البرامج التدريبية، وتعزيز روح الفريق والتواصل بين العاملين، وتعزيز قيادة التغيير في المدرسة، وتوظيف البحث الإجرائي في خدمة العملية التربوية، وتوزيع الأدوار وتفويض الصلاحيات، وتبادل الزيارات والخبرات التربوية، والتفاعل مع المجتمع المحلي.

وقامت الشريدة (2004) بدراسة بعنوان "الأنماط القيادية لمديري الإدارة في وزارة التربية والتعليم وتأثيراتها في التغيير التربوي من منظور رؤساء الأقسام". والتي هدفت التعرف على الأنماط القيادية لمديري الإدارة المتعلقة بالأداء في العمل والسلطة لتأثيراتها في التغيير التربوي، بالإضافة إلى التعرف على بعض المتغيرات الذاتية لرؤساء الأقسام (الجنس، المؤهل العلمي، الخبرة)، وتوصلت الدراسة إلى نتائج كان أبرزها:

- إن أداء ثلثي مديري الإدارة في الأبعاد الثلاثة (العمل والسلطة والاعتبارية) مقبول من منظور رؤساء الأقسام العاملين معهم بشكل عام، وأن بقية مديري الإدارة ضعيفوا الأداء في بعد أو أكثر.

- عدم وجود فروق ذات دلالة إحصائية بين آراء رؤساء الأقسام تعزى إلى متغيري الجنس والمؤهل العلمي في حين كشفت عن وجود فروق ذات دلالة إحصائية بين آرائهم تعزى للخبرة.

ولقد قامت وصوص(2006) بدراسة بعنوان" درجة ممارسة إدارة التغيير لدى القادة الإداريين في مديريات التربية والتعليم التابعة لإقليم الشمال

والصعوبات التي تواجهها" هدفت التعرف على درجة ممارسة إدارة التغيير لدى القادة الإداريين في مديريات التربية والتعليم التابعة لإقليم الشمال في الأردن، والتعرف على درجة الصعوبة في ممارسة القادة الإداريين لإدارة التغيير، وبيان أثر كل من المتغيرات: المسمى الوظيفي، والمؤهل العلمي والخبرة على ممارسة إدارة التغيير. وحاولت الدراسة الإجابة عن الأسئلة الآتية:

1. ما درجة ممارسة إدارة التغيير لدى القادة الإداريين في مديريات التربية والتعليم التابعة لإقليم الشمال؟
2. هل هناك فروق ذات دلالة إحصائية عند مستوى ($\alpha \leq 0.05$) في استجابات أفراد عينة الدراسة على أفراده درجة ممارسة إدارة التغيير لدى القادة الإداريين في مديريات التربية والتعليم التابعة لإقليم الشمال تعزى لمتغير: (المؤهل العلمي، والخبرة، والمسمى الوظيفي)؟
3. ما درجة الصعوبة في ممارسة إدارة التغيير التي تواجه القادة الإداريين في مديريات التربية والتعليم التابعة لإقليم الشمال؟
4. هل هناك فروق ذات دلالة إحصائية عند مستوى ($\alpha \leq 0.05$) في استجابات أفراد عينة الدراسة حول درجة الصعوبة التي تواجه القادة الإداريين في ممارساتهم لإدارة التغيير في مديريات التربية والتعليم التابعة لإقليم الشمال تعزى لمتغير: (المؤهل العلمي، والخبرة، والمسمى الوظيفي)؟

وخلصت الدراسة إلى النتائج الآتية:

- تراوحت تقديرات أفراد عينة الدراسة على مجالات ممارسة إدارة التغيير في مديريات التربية والتعليم التابعة لإقليم الشمال ما بين العالية والمتوسطة. وقد حصل مجال الإدارة التربوية على المرتبة الأولى بمتوسط حسابي (3.70)، يليه مجال إعداد وتدريب المعلمين بمتوسط حسابي (3.68)، فمجال الأهداف والسياسات والاستراتيجيات بمتوسط حسابي (3.54)، واحتل مجال الأبنية والتجهيزات والتقنيات المرتبة الرابعة بمتوسط حسابي (3.53)، وحصل مجال المؤسسة التربوية وعلاقتها بالمجتمع المحلي على المرتبة الخامسة بمتوسط حسابي (3.49)، ثم جاء مجال المناهج والكتب المدرسية بالمرتبة الأخيرة بمتوسط حسابي (3.20).

- توجد فروق ذات دلالة إحصائية عند مستوى الدلالة ($\alpha \geq 0.05$) بين متوسطات تقديرات أفراد عينة الدراسة على درجة ممارسة إدارة التغيير تعزى لمتغير المؤهل العلمي لصالح حملة الماجستير، والمسمى الوظيفي لصالح المديرين، والخبرة لصالح أصحاب الخبرة من (6-10 سنوات).

- تراوحت تقديرات أفراد عينة الدراسة على مجالات الصعوبة في ممارسة إدارة التغيير في مديريات التربية والتعليم التابعة لإقليم الشمال ما بين العالية والمتوسطة. وحصل مجال المناهج والكتب المدرسية على المرتبة الأولى بمتوسط حسابي (3.26)، يليه مجال الأهداف والسياسات والاستراتيجيات بمتوسط حسابي (3.17)، فمجال الأبنية والتجهيزات

والتقنيات التربوية بمتوسط حسابي (3.16)، وحصل مجال المؤسسة التربوية وعلاقتها بالمجتمع المحلي على المرتبة الرابعة بمتوسط حسابي (3.08)، ثم مجال الإدارة التربوية بمتوسط حسابي (3.00)، ثم جاء مجال إعداد وتدريب المعلمين بالمرتبة الأخيرة بمتوسط حسابي (2.99).

— توجد فروق ذات دلالة إحصائية عند مستوى ($\alpha \geq 0.05$) بين متوسطات تقديرات أفراد عينة الدراسة على درجة الصعوبة في ممارسة إدارة التغيير تعزى لمتغير المؤهل العلمي لصالح حملة البكالوريوس والماجستير على مجال الأهداف والسياسيات والاستراتيجيات، ومجال إعداد المعلمين وتدريبهم، ومجال الإدارة التربوية، وفي الصعوبة ككل. والمسمى الوظيفي لصالح رئيس قسم على مجالات إعداد وتدريب المعلمين ومجال الإدارة التربوية، والخبرة لصالح فئة الخبرة من (6-10 سنوات) على مجال الأهداف والسياسات والاستراتيجيات، وإعداد وتدريب المعلمين، والإدارة التربوية والصعوبة ككل. ولصالح الخبرة (11 سنة فأكثر) على مجال المناهج والكتب المدرسية ومجال الأبنية والتجهيزات، والتقنيات التربوية، ومجال المؤسسة التربوية وعلاقتها بالمجتمع المحلي.

وقدمت الباحثة عددا من التوصيات بدلالة النتائج ومنها: إشراك القادة الإداريين في عملية وضع أهداف التغيير والتخطيط له، والعمل على مراجعة التشريعات التربوية لتعديلها بما يتلاءم مع متطلبات التغيير، وأن يسعى القادة

الإداريون على إيجاد علاقات شراكة بين المؤسسات التربوية والمجتمع المحلي لتحقيق أهداف التغيير.

ثانيا: الدراسات العربية:

دراسة التغير في بناء القوة في التنظيمات الصناعية المصرية(1956- 1980): حاولت هذه الدراسة أن تبين أهم عوامل التغير في بناء القوة و طبيعة هذه التغيرات و أثرها على التنظيم الصناعي عامة و هذا من خلال دراسة ميدانية للتنظيم الصناعي لشركة مصر للغزل و النسيج في المحلة، و كان الهدف هو تقديم رؤية تحليلية تاريخية و مقارنة تكشف عن أهم الفترات التي مر بها التنظيم الصناعي، مع الرجوع إلى الوراء و التعرف على التجارب التصنيعية السابقة و قسمت البحث إلى ثلاث فترات، الفترة الأولى من (1956- 1960) و(1961- 1970) و(1971- 1980) واعتمدت على المنهج التاريخي و المنهج المقارن، و قد طبق الأول بقصد التعرف على تغير بناء القوة في فترات تاريخية محددة، أما الثاني فقد كان الهدف منه عقد المقارنات الإحصائية الخاصة بالتطور التاريخي لمجتمع البحث و استخدمت المقابلة و الملاحظة، و توصلت إلى النتائج التالية:

- كانت المشاركة العمالية في مجلس الإدارة منعدمة وكان العمال مجرد تابعين للإدارة يقومون بتنفيذ قراراتها و هذا في الفترة الممتدة بين (1956- 1960).

- حدوث تغير ملحوظ في بناء القوة في التنظيم الصناعي في الفترة (1961- 1971) حيث تجسدت المشاركة العمالية الفعلية للعمال وأصبحوا يدافعون عن مصالحهم.

- في الفترة الممتدة بين (1971- 1980) ظهرت تغيرات في الوظائف القيادية داخل المصنع، و ترك هذا التغير تأثيرات عديدة على العمال، وكان الهدف منه هو تحقيق مصلحة العمال و لقد كان هدف الدراسة هو تحليل ظاهرة تغير بناء القوة داخل التنظيم الصناعي و دراسة التكامل والصراع، لكنها ركزت على الأول و أهملت ردود أفعال العمال إزاء هذه التغيرات.

دراسة عبد الرزاق جلبي و التي كانت حول الأبعاد التنظيمية و العمليات الاجتماعية في تنظيمين صناعيين مصريين، و قد استعمل المنهج المقارن للنفاذ إلى التنظيم و فهم ما يجري فيه فهما عميقا، و تم التعرض إلى8 متغيرات أساسية حيث كان التغير التنظيمي أحدهما و توصل الباحث إلى النتائج التالية:

- في التنظيم الأول وجد أن التغير التنظيمي كان مصدره داخلي لأن الأفراد اكتسبوا حصانة ضد تقبل التغيرات التي تطرأ على أساليب الإنتاج و الإدارة التي لم تقبل بتغير تنظيمي داخلي حول الإستراتيجية القائمة.

135

- سياسة الإدارة العليا لهذا التنظيم المبنية على الضبط المطلق و محاولة كسب الرؤساء لصالحها كونت اتجاها سلبيا لدى جماعات العمل.
- أما في التنظيم الصناعي الثاني فكان مصدر التغير خارجي يمثل تلك الظروف التكنولوجية و الضغوط الاقتصادية التي علقتها الدول على التنظيمات و التي تمثلت في إحداث تغيرات على المنتج و استحداث طرق مختلفة تساير التطلعات الحديثة التي استطاعت الإدارة أثناء مواجهتها لمشاكل كبح الإنتاج و عدم توافر المواد الأولية مواجهة مراكز المقاومة عن طريق إيديولوجية قائمة على التعاون و التضامن و المشاركة في صنع القرارات الخاصة بالتغيير و إقناع الأفراد بحتمية التغيير.

قام أبو النصر وعبد الهادي (1996) بدراسة بعنوان "نموذج مقترح لتحديد معوقات التغيير التنظيمي في المؤسسات التعليمية وعلاقتها باتجاهات مديري المدارس". وهدفت هذه الدراسة إلى اقتراح نموذج لتحديد معوقات التغيير التنظيمي في المؤسسات التربوية وعلاقتها ببعض الاتجاهات السلبية لمديري المدارس نحو التغيير التنظيمي وكل من معوقات التغيير التنظيمي والمتغيرات الشخصية والتنظيمية لدى هؤلاء المديرين.

وتوصلت الدراسة إلى أنه توجد علاقة بين تقدير مديري المدارس لمعوقات التغيير التنظيمي التشريعية والمادية والاجتماعية والثقافية والزمنية بالاتجاهات السلبية لمديري المدارس نحو التغيير التنظيمي.

وأوصت الدراسة بضرورة تعلم مدير المدرسة مجموعة من المهارات منها: تشخيص المشكلات التنظيمية وكيفية علاجها، والتعامل مع الصراعات وإدارتها، وتحويل أهداف التغيير إلى أفعال وسلوكيات، وكذلك مهارات إنشاء مناخ تنظيمي فعال والسماح ببعض التسهيلات في الإجراءات الرسمية حتى تكون الحرية لمدير المدرسة في إجراء التغيير التنظيمي في الوقت المناسب.

وقام الغيلاني (2005) بدراسة بعنوان "إدارة التغيير في وزارة التربية والتعليم بسلطنة عمان من وجهة نظر العاملين بديوان عام الوزارة". وهدفت الدراسة إلى التعرف على دور إدارة التغيير في وزارة التربية والتعليم بسلطنة عمان من وجهة نظر العاملين بديوان عام الوزارة، ومن أهم النتائج التي توصلت إليها الدراسة ما يلي:

- تراوحت تقديرات أفراد عينة الدراسة على مجالات إدارة التغيير ما بين المرتفعة والمتوسطة، وحصل مجال تكنولوجيا المعلومات والاتصالات على المرتبة الأولى يلي مجال الأهداف والهياكل التنظيمية.

- توجد فروق ذات دلالة إحصائية بين متوسطات تقديرات أفراد عينة الدراسة تعزى لمتغير الجنس لصالح الذكور، ولمتغير المؤهل العلمي لصالح حاملي مؤهل أقل من بكالوريوس، ومتغير الخبرة العملية لصالح أصحاب الخبرة ما بين خمس سنوات وعشر سنوات.

- لا توجد فروق ذات دلالة إحصائية بين متوسطات تقديرات أفراد عينة الدراسة تعزى لمتغير المسمى الوظيفي.

ثالثا: الدراسات الأجنبية:

أجرى الباحث جاستيز (Justiz, 1985) دراسة بعنوان "كيف يمكن للمديرين أن يحدثوا التغيير"؟ وقد خلصت الدراسة إلى أنه يمكن للمديرين أن يحدثوا التغييرات أو يساعدوا في إحداثها، وذلك بإتباع نمط قيادة التغيير الفعال الذي يتضمن وضع الرؤية الواضحة وتحديد الأهداف طويلة المدى، وتأكيد التزام المدرسة بالعمل التربوي، والحرص المتواصل على تطبيق التجديدات التربوية، واستشارة المعلمين وتعزيز التعاون، ومشاركتهم في صنع القرارات، وتوفير الدعم والإرشاد لهم، والمحافظة على التواصل المستمر معهم.

ودراسة مارتن (Martin,1989) بعنوان "العوامل الشخصية والتنظيمية المرتبطة بالتغيير في ممارسات التعليم: جهد تغيير مخطط".

وتهدف هذه الدراسة لاستكشاف بعض العوامل الشخصية والتنظيمية المرتبطة بالتغيير السلوكي لدى المعلمين الذين يلتحقون ببرامج أثناء الخدمة.

ومن النتائج التي توصلت إليها الدراسة:

- قوة الروابط التنظيمية بين المعلم والمدرسة ومركز المصادر كعوامل لدعم التغيير.
- إن إدراكات المهارة كأحد العوامل الشخصية في استخدام مواد التعليم العالمية والاستراتيجيات تشكل عاملا هاما في فهم إدراك المعلمين للابتكارات التربوية التي قدمها هذا البرنامج.

وقامـت ايـزابيلا (Isabella,1990) بدراسـة بعنـوان "كيـف يفهـم المـديرين للأحـداث التنظيمية عند مرور أو تقدم التغيير"، وهدفت الدراسة إلى تطوير نموذج حول طريقة تفسير أو فهم المديرين للأحداث التنظيمية عند مرور أو تقدم التغيير، وذلك عـن طريـق المقـابلات الشخصية مع (40) مديرا من منظمات متوسطة الحجم في المدن الأمريكية الكبيرة تقدم الخدمات المالية.

ويرى هذا النموذج بأن الأحداث الرئيسية والهامة تمر في أربعة مراحـل إدراكيـة، وهي: مرحلة التوقع، ومرحلة التأكيد، ومرحلة الذروة، ومرحلة النتيجة.

وتوصلت الدراسـة إلى أن: مقاومـة التغيير عنصـر ـ داخـلي في عمليـة الانتقـال الإدراكي والذي يحدث أثناء التغيير، فالمصالح الشخصية قـد تكون تشخيصيا ذاتيا للحدث، وبالتـالي يصبح قبول الأطر المرجعية الموجودة هو المهم وليس التغلب على مقاومـة التغيير، ومـن هنا يبرز دور المدير في مختلف مراحل عملية الانتقال الإدراكي.

قام الباحثان تايكي وديفانا (Tichy & Devanna, 1990) بدراسة وصفية تحليلية، هدفت التعرف على طبيعة قيادة التغيير وأبرز خصائصها وممارستها، وفهم ديناميات التغيير الناجحة، وإدراك الهيكلية والعمليات والإجراءات المطلوبة لإحداث التغيير الذاتي في المؤسسـة الضـخمة، وذلك من خلال دراسة المؤسسات التي نجحت في تحقيق تغيير حقيقي ملموس داخلها.

وقد تألفت عينة الدراسة من (12) قائدا للتغيير عملوا على قيادة التغيير في مؤسساتهم بنجاح وتميز، وخلصت الدراسة نتيجة للمقابلات والملاحظات الميدانية لقادة التغيير في المؤسسات التي شملت الدراسة، وبناء على التحليل النوعي للبيانات التي تم جمعها وتصنيفها، إلى أن قادة التغيير يشتركون بصورة واضحة في مجموعة من الخصائص العامة التي تميزهم عن القادة الإداريين التقليديين، وهذه الخصائص هي:

- أنهم يرون أنفسهم كمحركين لجهود التغيير في المؤسسة، وهم يعتقدون أن دورهم الشخصي والمهني يتمثل في ضرورة إحداث تغيير ملموس في المؤسسات التي يتحملون مسؤولية قيادتها.

- أنهم يمتازون بالشجاعة وبالاستعداد للمخاطر المحسوبة، وتتضمن القدرة على اتخاذ موقف معين والاستعداد للمخاطرة من أجل الدفاع عنه ونقله إلى أعضاء المؤسسة.

- أنهم يقدرون طاقات الأفراد العاملين معهم ويثقون بقدراتهم ويسعون دوما لتمكينهم من انجاز عملهم وتطويره بإتقان وتميز.

- إن إحدى العلاقات المميزة لقادة التغيير هي التزامهم بالتعلم المستدام وعقولهم المتفتحة دائما.

- إن لديهم القدرة كقادة للتغيير للتعامل مع المواقف المعقدة المتنوعة والتكيف مع الظروف المختلفة ومعالجة المشكلات بصورة منظمة في هذا العالم السريع التغيير الشديد التعقيد.

وقام دبينيدتيو (Dibenedetto, 1993) بدراسة وهي بعنوان "تحليل النتائج الاتجاهية والسلوكية المتعلقة بالثقافة التنظيمية وإدارة التغيير".

وهدفت الدراسة لفحص الثقافة التنظيمية حسب علاقتها مع عمليات إدارة التغيير وتقييم تأثير بعض المتغيرات على تقبل ومقاومة الموظفين لمبادرات التغيير الكبرى.

وقد تم اختيار عشوائيا لمجموعة من موظفي شركة (AT &T) من مجتمع الدراسة البالغ عددهم (1712) بحيث اعتبرت هي المجموعة التجريبية، كذلك تم اختيار مجموعة أخرى اعتبرت المجموعة الضابطة من مجتمع الدراسة البالغ عددهم (214) موظفا.

وفحصت إحصائيا لتحديد مقياس الارتباط والعلاقات السببية لاتجاهات وسلوكات التغيير لدى الموظفين وعوامل مثل أصل التوظيف والنواحي السكانية وإمكانات الكسب والرضا الوظيفي وأداء الوظيفة وفهم مبادرات التغيير التنظيمي.

وتوصلت الدراسة للنتائج التالية:

- إن مبادرات التغيير التنظيمي كانت تتم إداراتها بشكل جيد خلال الاتصال والمشاركة.

- إن المشاركة يمكن إن تخفف من آثار مقاومة التغيير.

ودراسة دوريغان (Dourigan,1995) بعنوان "آثار التغيير التنظيمي على مقاومة الفنيين والتنظيميين للتغيير في العمل والفقدان التنظيمي ومستويات الالتزام".

وقد هدفت الدراسة تحليل الآثار التي تنتج عن التغيير التنظيمي، على المقاومة التي يبديها التنظيميون والفنيون في العمل والفقدان التنظيمي ومستويات الالتزام.

ومن النتائج التي توصلت إليها الدراسة:

- أن الفنيين أكثر مقاومة للتغيير المتعلق بالعمل أكثر من التنظيميين.

- أن الفنيين يعبرون عن نوع من الفقدان التنظيمي أكثر من التنظيميين.

- أن التنظيميين عبروا على مستوى الدعم التنظيمي المدرك أكثر من الفنيين.

- أن التحليل المتعلق بمتغيري الجنس والمركز في المؤسسة أشار إلى فروق هامة تتعلق بالالتزام المستمر ومقاومة التغيير في العمل.

وأظهرت دراسة كوتر (Kotter,1996) بعنوان "قيادة التغيير" الأخطاء التي تدمر بها المنظمات جهود التغيير وتشل حركتها ومنها: الرضا المبالغ فيه عن الوضع الحالي وحدوث نوع من التراخي، وغياب التحالف القوي بين الإدارة والأفراد، وافتقاد الرؤية وعدم توصيلها، والعقبات الإدارية كبيروقراطية المنظمة ومراكز القوى المعارضة للتغيير، وعدم تحقيق نجاحات سريعة، وسرعة إعلان النصر الكبير، وعدم وصول التغيير إلى جذور ثقافة المنظمة.

ودراسـة الزغـول (Alzeghoul,1997) بعنـوان "العوامـل المتعلقـة بـالتغيير الإداري في الكليات والجامعات".

وقد هدفت الدراسة لفحص مجموعة مختارة من العوامل وعلاقتها بـالتغيير الإداري، وبالتحديد تفحص علاقة العوامل: ملكية الجامعة، ونوع الجامعة، وحجم الجامعة، والتغيير في الحجـم (النمـو، والتراجـع)، وعمـر الجامعـة، والمنافسـة مـع التغيير الإداري في الكليـات والجامعات.

وقد جاء هدف الدراسة بناء على ما تناوله علمـاء البيئـة الـذين يؤكدون أن المنظمـة تتعرض لقصور ذاتي داخلي يمنعها من تغيير هيكلياتها الإدارية، وتـزداد قوة القصور الـذاتي بازديـاد حجـم الشركة وعمرها وتعقيـدها، إلا أن آخـرين يشـيرون إلى أن المـنظمات تغير هيكلياتها ردا على التغييرات البيئية، ويقولون بأن عوامل مثل الحجـم والتغيير فيه والعمـل يمكن أن تساعد المنظمات في تغيير هيكلياتها الإدارية.

وقد توصلت الدراسة للنتائج التالية:

- هناك تأثير هام لنوع الجامعة، حيث إن جامعة البحث والجامعة التي تمـنح شـهادة الدكتوراه أشارت إلى أن كمية التغيير الإداري يزيد عن الجامعات الشاملة.

- لم يتبين وجود تأثير ملكية الجامعة ولا التفاعل على التغيير الإداري.

- قدم الحجم والعمر والمناقشة معا تفسيرا بمقدار (10%) من التباين.

- إن الحجم والعمر لديهما علاقة هامة وإيجابية مع التغيير الإداري.

- هناك علاقة هامة وسلبية بين التغيير والنمو، وعلاقة إيجابية مع التراجع.

وفي دراسة قام بها سيركن وآخرون (Sirkin et al, 2005) بعنوان "الجانب الصعب في إدارة التغيير" أجرى الباحثون الدراسة في (225) شركة، ووجدوا أن هناك ارتباطا متناسقا ودائما بين مخرجات برامج التغيير (النجاح مقابل الفشل) وأربعة عوامل صعبة والتي أطلقوا عليها (DICE)، (D) مدة المشروع، وبالتحديد الوقت بين مراجعات المشروع، و(I) سلامة وتكامل الأداء أو قدرات فرق المشروع، (C) مستوى التزام الإدارة العليا والكادر، (E) الجهد الإضافي اللازم من الموظفين الذين يتأثرون مباشرة بالتغيير.

ويعد إطار (DICE) صيغة بسيطة أو معادلة لحساب جودة تطبيق الشركة، وقد استخدم الباحثون هذه العوامل الأربعة للتنبؤ بالمخرجات وتوجيه تنفيذ أكثر من (1000) برنامج إدارة تغيير على مستوى العالم.

144

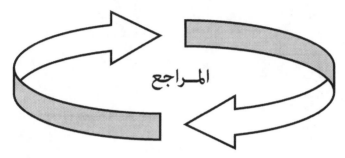

المـراجع

- المراجع العربية.
- المراجع الأجنبية.

المراجـــــع

1- المراجع العربية

- أبو النصر، ممدوح وعبد الهادي، محمود .(1996). نموذج مقترح لتحديد معوقات التغيير التنظيمي في المؤسسات التعليمية وعلاقتها باتجاهات مديري المدارس. **مجلة التربية**، جامعة الأزهر، ع(59)، ص55-73.
- أبو تايه، سلطان .(2001). العوامل المؤثرة في التكيف مع التغيير في المسار الوظيفي، **دراسات العلوم الإدارية**، م(28)، ع(1)، ص68-91.
- أبو حمدية، أيمن .(1994). **اتجاهات العاملين نحو التغيير التنظيمي في الشركات الصناعية المساهمة العامة في الأردن**، رسالة ماجستير غير منشورة، الجامعة الأردنية، الأردن.
- الأعرجي، عاصم .(1995). **دراسات معاصرة في التطوير الإداري منظور تطبيقي**، عمان، الأردن: دار الفكر للنشر والتوزيع.
- الببلاوي، حازم .(1992). **التغيير من أجل الاستقرار**، القاهرة: دار الشروق.
- بدر، حامد .(1987). إدارة التغيير التنظيمي في المنظمة، **مجلة البحوث التجارية**، مجلد 9، عدد 11، ص82-151.

- البلبيسي، حلمي .(2002). الأساليب القيادية وإدارة التغيير: دراسة تطبيقية على الشركات المساهمة العامة الأردنية، رسالة ماجستير غير منشورة، الجامعة الأردنية، عمان، الأردن.

- حريم، حسن .(1997). السلوك التنظيمي، دار زهران: عمان.

- حسن، أمين .(2001). إدارة الأعمال وتحديات القرن الحادي والعشرين، القاهرة: دار قبا للطباعة والنشر.

- حقي، زينب .(2000). الإدارة ومتغيرات العصر، القاهرة: مكتبة عين شمس.

- حلواني، ابتسام عبد الرحمن .(1990). التغيير ودورة في التطوير الإداري، مجلة الإدارة العامة، الرياض، ع(67)، ص45-70.

- الحمادي، علي .(1999). التغيير الذكي، بيروت، دار ابن حزم للطباعة والنشر.

- حمزة، عبدالله .(1991). التغيير المخطط في التربية كيف يتم. طمره، فلسطين: عرب ميديا للطباعة والنشر والإعلام.

- الخزامي، عبد الحكيم .(1998). المنظمات والتغيير بين المدير والخبير. القاهرة: مكتبة ابن سينا.

- الخضيري، محسن .(2003). إدارة التغيير، دمشق: دار الرضا للنشر.

- الخطيب، أحمد .(2001). الإدارة الجامعية، إربد، الأردن: مؤسسة حمادة للدراسات الجامعية والنشر.

148

- الخطيب، أحمد و الخطيب، رداح .(2006). **استراتيجيات التطوير التربوي في الوطن العربي**، إربد، عالم الكتب الحديث.

- الخواجا، عبد الفتاح .(2004). **تطوير الإدارة المدرسية**، عمان: دار الثقافة للنشر والتوزيع.

- دافيز، برانت وإليسون، لندا .(2004). **الإدارة المدرسية في القرن الحادي والعشرين**، (ترجمة عبد العزيز البهواشي)، القاهرة: مكتبة النهضة المصرية.

- الدهان، أميمة .(1992). **نظريات منظمات الأعمال**، ط1، عمان: مطبعة الصفدي.

- زهران، حامد عبد السلام .(1987). **علم النفس الاجتماعي**، ط1، القاهرة: عالم الكتب.

- سكوت سينيثيا وجافي دنيس .(2001). **إدارة التغيير في العمل**، (ترجمة بشير البرغوثي)، الرياض: دار المعرفة.

- السلمي، علي .(1995). **السلوك الإنساني في منظمات الأعمال**، القاهرة: دار غريب للطباعة والنشر والتوزيع.

- سليمان، نجدة .(2000). **تطوير الإدارة التعليمية رؤية مستقبلية**، القاهرة: دار الشمس للطباعة.

- سميث، دوغلاس .(2001). **إدارة تغيير الأفراد والإدارة**، (ترجمة عبد الحكيم الخزامي)، القاهرة: ايتراك للنشر والتوزيع.

149

- السويدان، طارق .(2001). **منهجية التغيير في المنظمات**، بيروت، لبنان: دار ابن حـزم للطباعـة والنشر والتوزيع.

- شري، بشير .(2004). **ثقافة إدارة التغيير**، عمان: دار رؤى.

- الشريدة، هيام .(2004). الأنماط القيادية لمديري الإدارة في وزارة التربية والتعليم وتأثيراتها في التغيير التربوي من منظور رؤساء الأقسام، **مجلة اتحاد الجامعـات العربيـة**، ع(43)، ص227-258.

- الشمري، حامد مالح(2007) إدارة الجودة الشاملة، صناعة النجـاح في سبـاق التحـديات، ط2، مكتبة الملك فهد الوطنية ، الرياض.

- شريف بشير .(2004). **ثقافة إدارة التغيير**، دار رؤى: عمان.

- شهاب، إبراهيم .(1997). **معجم مصطلحات الإدارة العامة**، بـيروت، لبنان: مؤسسـة الرسالة للطباعة والنشر والتوزيع.

- الشيباني، عمر محمد .(1993). **الأسس النفسية والتربوية لرعاية الشباب**، بيروت: دار الثقافة.

- الطراونة، إخليف .(2003). **التطوير التربوي**، عمان، الأردن: دار الشروق للنشر والتوزيع.

- عامر، سعيد .(1995). **الإدارة وسرعـة التغيير**، مركـز وايـد سـيرفيس للاستشـارات والتطـوير الإداري: القاهرة.

- عامر، سعيد .(2001). **استراتيجيات التغيير**، القاهرة: مركز وايد سيرفيس.

150

- عـامر، سـعيد وعبـد الوهـاب، عـلي والنجـار، روايـة .(1991). **اسـتراتيجيات التغيـير وتطـوير المنظمات**، المؤتمر السنوي الأول – القاهرة: مركز وايد سيرفيس.
- عبـد الـرحمن، غريـب .(2004). إدارة التغيـير في المؤسسـة، **رسـالة المعلـم**، م(42)، ع(2، 3)، عمان.
- عبوي، زيد.(2006).إدارة التغيير والتطوير.دار كنوز المعرفة:عمان.
- عثامنة، صلاح .(2003). **النظام التربوي**، دار الفكر: عمان.
- عثمان، فاروق .(2000). **قوى إدارة التغيير في القرن الحادي والعشرين**، ط1، المنصورة، مصر: دار الوفاء للطباعة والنشر.
- العديلي، ناصر محمد .(1995). **السلوك الإنساني والتنظيمي ومنظور علمي مقارن**، الريـاض، مطابع معهد الإدارة العامة.
- عساف، عبد المعطي .(1999). **السلوك الإداري في المنظمات المعاصرة**، عمان: دار زهران.
- عقيلي والمؤمن .(1993). **المنظمة ونظرية التنظيم**، عمان، الأردن، دار زهران للنشر والتوزيع.
- عماد الدين .(2002). **تقويم فاعلية برنامج، تطوير الإدارة المدرسية في إعداد مـدير المدرسـة في الأردن لقيادة التغيير**، رسالة دكتوراه غير منشورة، جامعة السودان للعلوم والتكنولوجيا.

- العميان، محمود سليمان .(2004). **السلوك التنظيمي في منظمات الأعمال**، ط2، عمان، دار وائل للنشر والتوزيع.

- العواملة، نائل .(1992). التغيير والتطوير التنظيمي في أجهزة الإدارة العامة في الأردن، **أبحاث اليرموك**، م(8)، ع(2)، ص173-203.

- فيله،فاروق والمجيد، محمد(2005).السلوك التنظيمي في ادارة المؤسسات.دار المسيرة:عمان.

- القريوتي، محمد قاسم .(2000). **السلوك التنظيمي، دراسة السلوك الإنساني الفردي والجماعي في المنظمات المختلفة**، عمان: دار الشروق للنشر والتوزيع.

- كلالدة، ظاهر .(1997). **الاتجاهات الحديثة في القيادة الإدارية**، عمان، الأردن: دار زهران.

- كنعان، نواف .(1985). **القيادة الإدارية**، ط2، الرياض: دار الفجر.

- اللوزي، موسى .(1998). اتجاهات العاملين في المؤسسات الحكومية الأردنية نحو إدارة التغيير، **مجلة دراسات العلوم الإدارية**، ع(2)، م(25)، ص338-356.

- مؤتمر خبراء في إدارة التغيير والإبداع، الأردن، عمان، تشرين الأول، 1983، ورقة عمل.

- مؤتمن، منى .(1995). إدارة التغيير جوهر عملية التنمية الإدارية، **رسالة المعلم**، م(36)، ع(1)، ص45-52.

- مـاهر، أحمـد والهجـرسي، جـلال والـدعيج، حمـد والعجمـي، راشـد .(2002). **الإدارة المبـادئ والمهارات**، الرياض: الدار الجامعية.

- مايكل، كاي .(2003). **التغيير المتواصل**، (تعريب فواز زعرور)، الرياض: مكتبة العبيكان.

- مساد، عمر .(2005). **الإدارة التعليمية**، عمان: دار الصفا للنشر والتوزيع.

- مكتب اليونسكو الاقليمي للتربية في الدول العربية .(2002). **تقرير التنمية الانسانية العربية**، المطبعة الوطنية، عمان.

- منتدى الفكر العربي .(1991). **تعليم الأمة العربية في القرن الحادي والعشرـين "الكارثـة أو الأمل"**، عمان.

- نشوان، يعقوب .(2000). **التربيـة في الـوطن العربي في مشـارف القـرن الحـادي والعشرـين**، فلسطين: مطبعة مقداد.

- الهواري، سيد .(1988). **المدير الفعال**، ط3، القاهرة: مكتبة عين شمس.

- هوبرمان، أ .(1974). **كيف يحدث التغيير في التربية**، (ترجمة انطوان خوري)، بـيروت، مكتـب اليونسكو الإقليمي للتربية في البلدان العربية.

- ودين فنك، آندي .(2005). **إدارة التغيير**، متاحة على الموقع: .http://pr.sv.net/svw/2005/April/study.htm,2005/12/15

- وزارة التربية والتعليم .(1995). **المؤتمر التطويري التربوي**، أوراق عمل، مجموعة رقـم (1)، 9- 11 كانون أول 1995، نادي المعلمين، عمان.

153

- وزارة التربية والتعليم .(1997). **المؤتمر الوطني التربوي**، التطلعات المستقبلية والسياسات والاستراتيجيات والمشاريع التجديدية، عمان.
- وزارة التربية والتعليم .(1999). الكتاب السنوي: منجزات ومؤشرات، عمان، الأردن.
- وزارة التربية والتعليم .(1999). **المؤتمر الوطني التربوي**، عمان، الأردن.
- وزارة التربية والتعليم .(2004). **رسالة المعلم**، عمان.
- وصوص، ديمة.(2006).درجة ممارسة القادة الإداريين لإدارة التغيير في مديريات التربية والتعليم التابعة لإقليم الشمال والصعوبات التي تواجهها.رسالة دكتوراه غير منشوره، جامعة اليرموك، اربد.
- ويلسون، دافيدس .(1995). **استراتيجية التغيير: مفاهيم ومناظرات في إدارة التغيير**، (ترجمة تحية عمارة)، القاهرة: دار الفجر للنشر والتوزيع.

2- المراجع الأجنبية:

- Alzeghoul, Emad .(1997). Factors Related to Administration Change in Colleges and Universities (Organizational Change). **Dissertations Abstract International**, 58, No,12-A.

- Boyer, Ernest L .(1990). **(Former U. S Commissioner of Education Chancellor of the State University of New York)**. Service: Lin King School to Life.

- Brewer, H .(2001). 10 Steps to Success, **Journal of Development Cauncil**, 22(1), 30-31.

- Brinson, Bonnie .(1999). **A field Experiment to Investigate A decrease in Resistance to Change Through Practice of Covey Principles in Development of An Enterprise Information System**, Dissertations Abstract International, 38, No, 20.

- Brost, P .(2000). **Shared Decision Making for Bather School**, Principle Leadership (November, 2000) 58-63.

- Chandler, T .(1999). **Empowering Teachers, Empowering Principles**, NASSP Bulletin, 83, 117-118.

- Daurigan, John .(1995). The Effect of Organizational Change on Professionals and Organizational Resistance to Work Change. Organizational Loss and Confinent Levels, **Dissertational Abstract International, (DAI)**, 33, No, 06.

155

- Davis, K, & Wewstrom, J .(1989). **Human Behavior at Work**, 8th ed. McGraw Hill Book, Co: New York.

- Dibenedetto, John .(1993). Analysis of Attitudinal and Behavioral Outcomes involving Organizational Culture and Change Management, **Dissertations Abstract International**, 54, No, 10A,

- Ellen, Pamela .(1987). The Impact of Self efficacy to Change: A case Study of Twohorth Texts Police Departments. **Dissertations Abstract International**, 40 N, 01 A.

- Fulmer, Robert .(1989). **The New Management**, 4th ed. Macmillan Publishing Co: New York.

- Hoy, Waynelk, and Mixkel et al .(1991). **Educational Administration** 4th: Mc Graw – Hill. Inc.

- Isabella, Lynn .(1990). Evolving Interpretation as A change Unfolds: How Managers Construe Key Organization Events, **Academy of Management Journal**, Vol. 33, No1: p7-41.

- Justize, Manual J .(1985). **How Principals Can Produce Change**, (ERIC) EJ (323581).

- Kotter, John P .(1996). **Leading Change**, Harvard Business Review, May – Jone, 86-92.

- Krirther, R. & A. Kinicki .(1999). **Organization Behavior**, 2nd ed, Home Wood, 111, Irwin.

-Marsick,Victoria j.(1996) **Learning In the workplace**. Croom Helm.

- Louis, K. S., D .(1995). **Professionalism and Community Perspectives on Reforming Urban School**. Thousand Oaks, CA: Corwin Press.

- Martine, Giselle .(1989). Individual and Organizational Factors Associated With Change in Teaching Practices A planned Change Effort: California International Studies Project. **Dissertations Abstract International**, 50, No. 07A.

- Morgan, W. John an Hopkins, David .(2000). **Dow Need A common Wealth Network of Colleges of Educational Leadership**, Round Table, Sep. issue, 356.

- Northern, Teresa .(1991). Historical, Biographical, and Social Factors that Influence and Educational Organizations Under Going Change: Organizational Change, School Improvement, **Dissertations Abstract International**, 53, No. 02A.

- Schermerhorn, R. James, G. Hunt, N .(1994). **Managing Organization Behavior**, 3rd ed. John Wiley & Sons, Ine. New York.

- Schoroider, Connie Marie .(2001). Faculty change Agents: Individual and Organizational Factors the Annabel or impede

Faculty Involvement in Organizational Change, **Dissertations Abstract International.** 62, No, 07A.

- Shepard, Herbert A .(1984). **Rules of Thumb for Change Agents.** Organization Development Network, Oregon, Portland.

- Sirkin, H., Leenan, p., Jackson, A .(2005). The Hard Side of Change Management, **Harvard Business Review**; Oct 2005, Vol.83, Lssue 10, P 108-118, AN: 18501198.

- Sylvester, Renneth .(1988). Study of Resistance to Change Factors at Pacific Lutheran University, **Dissertations Abstract International**, 27, No, 02.

- Tichy, Noel M. and Devanna, Mary Anne .(1990). **The Transformational Leader**, 2nd edition. John Wiley & Sons, Canada.

- Wendell, F .(1985). **The Emergence and Early History of Organization Development With Refinement to In A ounces upon and Interactions Among Some of The Actors in Contemporary Organization Development Carr Thinking Applications Edition.** D.D. Worrick – Scoth Glenview- pp12.

- Watkins, Karen E and Victoria J.(1993) **Marsick Sculpting the Learning Organization**. Jossey- Bass Inc. Publishers.

T0149281

Printed in the United States
By Bookmasters